LES PASSAGES

DE

NAPOLÉON Ier ET DE JOSÉPHINE

DANS LE

DÉPARTEMENT DE LA MEURTHE

Par M. Chr. PFISTER

LES PASSAGES

DE

NAPOLÉON Ier ET DE JOSÉPHINE

DANS LE

DÉPARTEMENT DE LA MEURTHE

Par M. Chr. PFISTER

I. Passage du général Bonaparte (13 frimaire an VI-3 décembre 1797).

Il n'était encore que le général Bonaparte ou Buonaparte, quand, pour la première fois, il mit le pied dans le département de la Meurthe; mais il était le général victorieux des Autrichiens, que sa première campagne d'Italie avait couvert de gloire, le héros de Mondovi, de Lodi, de Castiglione, d'Arcole et de Rivoli; il avait imposé à l'Autriche les préliminaires de Léoben et avait signé le traité dit de Campo-Formio. Les dernières difficultés avec l'Empire et l'Autriche devaient être examinées par un congrès réuni à Rastatt; Bonaparte, nommé plénipotentiaire de la France à ce congrès, avait quitté l'Italie, traversé la Suisse et était venu à Rastatt le 5 frimaire an VI (samedi 25 novembre 1797); le 30, il avait échangé en cette ville avec les représentants de l'empereur François II les ratifications du traité de Campo-Formio; mais, prévoyant que les discussions seraient longues, craignant de s'ennuyer et d'être oublié en cette petite ville impériale, il partit de Rastatt le 12 frimaire (2 décembre 1797) de très grand matin, au moment même où M. de Metternich y arrivait (1). Il s'arrêta quelques heures à Strasbourg d'où il partit vers le soir, franchit dans la nuit la limite du département de la Meurthe et arriva le dimanche 13 frimaire (3 décembre) (2) à Nancy. Il quitta dans la même journée et arriva à Paris, en son hôtel de la rue Chantereine, le 15 (5 décembre) : la rue Chantereine allait devenir la rue des Victoires.

Ce passage de Bonaparte à travers le département

---

(1) METTERNICH, *Mémoires*, t. I, p. 345.

(2) De tout le récit qui suit, il résulte qu'il n'est venu à Nancy que le 13 frimaire (Voir, en particulier, la lettre de Mourer que nous publions dans le texte). Albert SCHUERMANS, *Itinéraire général de Napoléon Ier*, p. 61, se trompe par suite en lui faisant faire dans la journée du 12 l'immense trajet de Rastatt à Nancy qui exigeait le détour par Strasbourg. En octobre 1809, Napoléon, qui part de Rastatt le matin, n'arrive à Nancy qu'à 3 heures du matin (Cf. *infra*, p. 79). Schuermans a été induit en erreur par Noël que suit BÉGIN, *Histoire de Napoléon*, t. II, p. 410. Bégin prétend que le 12 frimaire Bonaparte coucha à l'hôtel des Halles. « Dès que le peuple lorrain apprit qu'il possédait dans ses murs le héros pacificateur, il courut à l'hôtel des Halles dont aucune sentinelle ne gardait l'entrée et plusieurs femmes lui offrirent des fleurs. » Mais ces détails nous semblent avoir été inventés par l'auteur. Nous ne croyons pas que Bonaparte ait couché à Nancy.

de la Meurthe à cette date était tout à fait imprévu; pourtant, on pensait bien qu'à un moment donné il quitterait Rastatt, pour retourner à Paris. Or le chemin traversait le département, passait par Sarrebourg, Lunéville, Nancy et Toul; aussi les imaginations se mirent-elles en branle. Les poètes du cru préparaient des vers de mirliton pour célébrer la gloire du vainqueur et les triomphes de la France. A Lunéville, les citoyens Delorme et Messuy — Delorme, farouche jacobin de la veille, maintenant assagi, Messuy, descendant d'une famille d'imprimeurs — composèrent un hymne de circonstance :

Quel beau jour, ô ma Patrie,
Couronne enfin tes succès!
A l'aigle de Germanie
Tu viens de dicter la paix!
    O Bonaparte.
Ton indomptable valeur
Rend aux Français la splendeur
D'Athènes, de Rome et de Sparte...

Français, rivaux de Sparte,
Accourez tous à ma voix;
Du héros Bonaparte
Célébrons les grands exploits (1).

(Dès ce moment la rime *Bonaparte* appelait *Sparte.*)

A Nancy, Gentilliâtre compose une ode sur la paix;

(1) *Couplets qui devaient être présentés au général Bonaparte à son passage à Lunéville,* approuvés par l'Administration municipale le 12 frimaire an VI (*c'est-à-dire la veille même du passage*). Lunéville, imprimerie de Messuy, 4 p. in-8. Cf. BAUMONT, *Histoire de Lunéville,* pp. 413-414.

il la fait envoyer à Bonaparte par des citoyennes de la ville : « Citoyen-héros, si nous savions l'histoire, nous pourrions nous flatter de vous prouver qu'il est plus glorieux d'être appelé Bonaparte d'Italie par les Français que Scipion d'Afrique par les Romains. » On se demande à ce moment où le général établira sa résidence; il court un vague bruit qu'il se propose de s'installer dans la Meurthe. « Venez à Nancy, disent les citoyennes de la ville, vous l'embellirez encore. Nous savons dresser des autels à l'immortalité et y brûler l'encens de la reconnaissance; nous vous ouvrirons autant de temples qu'il y a de cœurs républicains... et vous aurez mille asiles pour un. » Et Gentilliâtre de chanter :

Au sauveur de la Nation
On devrait ériger un temple;
Il n'en veut point; dans Scipion
En tout genre il a pris exemple.
On dit qu'il veut chez nous un toit;
Ah! plaise à Dieu que cela soit (1)!

Et les autres poètes locaux, avec qui le citoyen Gentilliâtre avait des démêlés homériques, le citoyen Laugier, de Marseille, négociant en notre ville, — son rival l'appelait « faiseur d'indienne en papier et de vers en prose » — le citoyen Charles-Étienne Blaise, proclamaient à l'envi la gloire de Bonaparte et l'appelaient de leurs vœux.

(1) *Les Citoyennes de Nancy à Bonaparte d'Italie, en lui envoyant une chanson sur la paix.* Nancy, Duplan l'aîné, 20 p. in-12.

Mais le départ de Bonaparte à Rastatt fut si précipité que ni l'administration du département de la Meurthe ni celle de la ville de Nancy ne purent prendre aucune mesure pour le recevoir dignement. L'administration départementale, qui avait alors pour président Balland, comme membres Harlaut, Prugneaux, Viard et Villot et auprès de laquelle Mourer remplissait les fonctions de commissaire du pouvoir exécutif, s'était réunie le 12 frimaire et le procès-verbal de la séance porte : « L'administration, instruite par le bruit public que le général Buonaparte doit passer demain en cette commune (*à Nancy*), persuadée que l'administration municipale de Nancy s'empressera de faire des dispositions pour accueillir dans sa cité le héros que la reconnaissance nationale accompagne en tous lieux, jalouse d'y mêler l'expression particulière de ses sentiments envers cet illustre général, a arrêté que le commissaire près de l'administration écrira à son collègue près l'administration municipale de Nancy pour l'inviter à donner avis à l'administration de l'arrivée du général Buonaparte et à lui faire connaître les dispositions qu'elle fera pour l'accueillir convenablement (1). » Le lendemain, 13 frimaire, Mourer exécuta la commission et écrivit à son collègue Richard, commissaire près l'administration municipale, en reprenant les termes de la délibération de l'administration départementale : « Instruit par le bruit public, citoyen collègue, que

(1) **A. D.,** série L., n° 93 (registres de l'administration départementale), fol. 101 et 102.

le général Buonaparte passe aujourd'hui en cette commune pour se rendre à Paris, je vous invite à me donner aussitôt avis de son arrivée, ainsi que des dispositions que votre administration municipale ne manquera sûrement point de faire, pour accueillir dans cette cité le héros que la reconnaissance nationale doit accompagner en tous lieux. Je vous préviens, comme vous le pressentez bien, que l'administration centrale du département se propose d'y mêler l'expression particulière de ses sentiments envers cet illustre général. Salut et fraternité (1). »

La lettre devait à peine être écrite quand le général se montra et la municipalité fut prise de court. L'administration municipale était en place depuis quelque temps seulement, aussi bien que l'administration départementale. Les administrateurs élus aux précédentes élections avaient été cassés par le Directoire, pour ne pas avoir montré une énergie suffisante contre les prêtres réfractaires et les émigrés, après le coup d'État du 18 fructidor. Ils avaient été remplacés en vertu d'une nomination du Directoire par Gormand, médecin; Jeanroy, Botta et Croizier, négociants; Lallemand et Briey, les deux seuls conservés de l'ancienne municipalité, et Saulnier. Ils avaient été installés le 9 brumaire an VI (30 octobre 1797), il y avait un mois, et dans leur séance du 9 frimaire (29 novembre), cinq jours avant le passage de Bonaparte, ils avaient voté une adresse de félicitations au Directoire pour sa politique énergique et fait placarder

(1) **A. D.**, série L., n° 133, lettre classée n° 202.

sur les murs de Nancy, à cent exemplaires, la proclamation suivante (1) :

Citoyens, appelés par le Directoire exécutif à l'administration de cette intéressante commune, nous devons vous faire connaître quels sont les principes qui nous animent dans nos diverses déterminations.

Dévoués franchement à la cause de la Liberté, nous sommes décidés à tout entreprendre pour assurer son triomphe; notre patriotisme s'irritera des obstacles si la malveillance tentait de nous en susciter et notre courage saura les surmonter.

Paix et repos aux bons citoyens, surveillance active contre ceux qui, méconnaissant le prix de la tranquillité dont cette commune jouit depuis le régime constitutionnel, chercheraient à nous entraver dans les opérations qui ont pour but la stabilité du gouvernement républicain.

Telle est la marche que nous suivrons invariablement.

Nous connaissons les maux causés par le fanatisme; mais nous saurons atteindre le ministre du culte perturbateur et lui faire appliquer les dispositions de la loi du 19 fructidor; il sera transféré loin de nous puisqu'il ne veut pas de nos lois et qu'il est sans cesse en rébellion contre la patrie.

Nous ne demandons d'autre récompense de nos travaux que de vous unir par la plus touchante fraternité, de vous voir tous animés de ce patriotisme toujours vrai, toujours pur, toujours sans excès.

Nous désirons aussi, mais nous désirons ardemment, que votre confiance dans le Gouvernement soit sans bornes; il l'a bien méritée par la moisson de gloire qu'il a répandue sur les Français et par le courage qu'il a déve-

---

(1) **A. M.** Registres de la municipalité.

loppé récemment contre ceux qui voulaient replonger dans les fers la grande nation.

C'est cette affiche qui frappa les yeux de Bonaparte, au moment de sa première entrée à Nancy. Il y était sans doute fait une allusion à la campagne d'Italie, « à la moisson de gloire » dont on faisait honneur au seul Gouvernement; mais la paix signée avec l'Autriche semblait moins préoccuper les officiers municipaux que les luttes intestines, la guerre à faire aux prêtres, aux émigrés; et, en fait, la période qui suivit le 18 fructidor fut la seule période de la Révolution où il y eut à Nancy des exécutions sanglantes. Nous ne possédons pas de détails sur la réception faite à Bonaparte; nous n'avons pas trouvé le numéro du *Journal de la Meurthe* où il a dû en être rendu compte au moins d'une façon sommaire (1). En tout cas, la réception ne coûta pas bien cher à la ville. Le lendemain du passage, le 14 frimaire an VI (4 décembre 1797), l'administration municipale tint séance et régularisa la dépense :

Vu l'état des dépenses faites à l'arrivée du général Bonaparte dans cette commune le jour d'hier, arrêté par le bureau de police à la somme de 83f 05;

Ouï le rapport et le commissaire du Directoire exécutif;

L'administration municipale arrête que son bureau

(1) Le journal portait alors le nom de *Patriote de la Meurthe :* il avait commencé à paraître en vendémiaire an VI (22 septembre 1796); mais le tome I jusqu'au 20 avril 1798 est tout à fait introuvable; la bibliothèque de la ville et celle du Musée lorrain n'en possèdent que quelques numéros dépareillés.

d'administration ordonnancera le paiement de ladite somme de 83f 05 sur la caisse du trésorier de la commune, au profit du citoyen Georges, chef du bureau de police, pour en être fait par lui la distribution entre les fournisseurs et ouvriers rappelés audit état (1).

On avait dû mettre quelques drapeaux et allumer quelques pots à feu; et au compte de l'an VI (2) est reportée cette somme de 83f 05 parmi les autres dépenses pour diverses solennités, 439f 50 pour la fête de l'anniversaire de la République, 349f 85 pour la pompe funèbre du 30 vendémiaire (à l'occasion de la mort du général Hoche), 10 francs pour la plantation des arbres de la Liberté, etc.

Nous n'avons retrouvé aucune des allocutions prononcées, mais encore et toujours des vers par les poètes locaux : « Couplets chantés au général Bonaparte lors de son passage à Nancy; paroles du citoyen Ducaire, musique du citoyen Jadin. »

O toi! héros de l'Italie,
L'espoir et l'honneur des Français;
Entends-tu la France ravie
Répéter en chœur tes hauts faits?
Tu sus toujours, quand la Victoire
Épuisa pour toi ses faveurs,
Allier à l'art de la gloire
Celui de gagner tous les cœurs (*bis*).

Et un grenadier, Hyacinthe Jobart, qui fut, au

(1) Registres de la municipalité.

(2) Archives municipales.

début de la Révolution, l'un des héros de la garde nationale, est l'auteur de ce médiocre sixtain :

Qu'on ne me parle plus de Condé, de Turenne,
De Créqui, de Villars, de Churchill et d'Eugène :
Tous ces noms si fameux, le temps les a pesés;
Ce sont, quoi qu'on en dise, héros à la douzaine,
Sitôt qu'on les compare à ce grand capitaine
Qui les efface tous, ou présents ou passés (1).

Tels sont les détails strictement véridiques que nous avons trouvés sur ce premier passage à Nancy du futur Napoléon Ier. Or, parmi la foule de ceux qui acclamaient Bonaparte se trouvait un tout jeune homme, fils d'un greffier du tribunal, le jeune Noël. Ce Noël deviendra le grand collectionneur dont la bibliothèque a été dispersée de façon si malencontreuse. Dans le *Catalogue raisonné* de cette bibliothèque, paru en 1840, il nous raconte précisément de façon incidente ses souvenirs de cette journée du 3 décembre 1797 : « J'étais bien jeune alors; mais il me souvient parfaitement de l'impression que fit à Nancy le vainqueur d'Italie. Jamais je n'ai vu la ville dans une semblable agitation : toutes les maisons furent illuminées. Il fut convié d'aller au spectacle. Aussitôt qu'on sut qu'il avait accepté l'invitation, la salle fut envahie de vive force et sans paiement. On jouait *La Belle Arsène* (2). » C'était une féerie en quatre actes et en vers, paroles de Favart,

(1) A Nancy, chez Guivard, imprimeur, place Carrière, n° 21. 3 p. in-8.

(2) *Catalogue raisonné des collections lorraines*, t. I, p. 618.

musique de Monsigny, qui avait un très grand succès et dont les airs ont été vite parodiés ou sont devenus musique d'église. Noël dit encore que la célèbre actrice de Nancy, Mlle Rousselois, dans le fameux couplet : *Triomphez, bel Alcindor*, substitua, aux applaudissements de la foule : *Triomphez, Bonaparte.* Tous ces détails peuvent être exacts et avoir été conservés dans la mémoire de Noël : Bonaparte aurait fait une apparition au théâtre pour partir aussitôt après (les représentations avaient alors lieu à 5 heures du soir). Mais Noël ajoute : « Bonaparte vint visiter la loge maçonnique de Nancy, et, quoiqu'il ne fût que maître, il fut reçu avec tous les honneurs possibles. Introduit sous la voûte d'acier, le vénérable lui offrit le maillet. Si ma mémoire est exacte, le grand-père de M. Dumast était alors un des grands dignitaires de la Loge », et l'historien affirme avoir tenu entre les mains la « planche » qui constate ce fait. Il est exact que Claude-Joseph-François Dumast, commissaire ordonnateur des guerres, avait été agrégé comme maçon à la loge Saint-Jean-de-Jérusalem de Nancy le 6 septembre 1796, mais il ne deviendra dignitaire que plus tard (1) : il est aussi certain qu'il ne reste aucune trace de l'activité de la Loge du 6 septembre 1796 au 9 décembre 1797 (2); depuis plus d'une année au moment du passage de Bonaparte, la Loge était en sommeil, et jusqu'à preuve du contraire nous repoussons le récit de Noël.

(1) BERNARDIN, *Notes pour servir à l'histoire de la Franc-maçonnerie de Nancy jusqu'en 1805,* t. I, p. 207.

(2) *Ibid.*, t. II, p. 81.

II. Premier passage à Nancy de Joséphine, femme du général Bonaparte (26 fructidor an VI-12 septembre 1798).

A la fin du dix-huitième siècle, les eaux de Plombières jouissaient d'une grande vogue. A côté de l'ancien bain romain, le grand bain, où les baigneurs prenaient leurs ébats en plein air au milieu de la petite cité, avait été construit, en 1772, le bain tempéré; et chez certains particuliers des bains d'eau chaude avaient été disposés. Joséphine, femme du général Bonaparte, résolut une première fois de prendre les eaux de Plombières, tandis que son mari voguait vers l'Égypte. Elle l'accompagna jusqu'à Toulon, monta avec lui sur l'*Orient;* mais une chaloupe la ramena au port (29 floréal an VI-18 mai 1798) et Joséphine s'en vint directement de Toulon à Plombières (1). Son mari est couvert de gloire; mais il ne fait pas partie du Gouvernement; sa femme n'est encore que la « citoyenne » Bonaparte, et les journaux ne mentionnent point de façon régulière ses déplacements. Aussi n'est-il pas possible de reconstituer son itinéraire de Toulon à Plombières; sans doute elle n'est point entrée à ce moment dans le département de la Meurthe. Mais nous avons du moins quelques échos de sa vie à Plombières. Elle loge en face de l'hôtel des Dames, dans la maison Martinet (aujourd'hui maison Resal); elle prend ses bains avec l'exac-

(1) Frédéric MASSON, *Napoléon et sa famille*, t. I, p. 233.

titude minutieuse d'un baigneur qui a la foi. Elle fait des excursions dans la montagne, sur des chars rustiques garnis de verdure, des « feuillées »; elle fait des connaissances, mène une vie mondaine. Le Directeur Barras, dont elle a été la maîtresse, reçoit chaque jour du médecin des eaux un bulletin détaillé de sa santé. Mais voici qu'elle est victime d'un accident dont les suites eussent pu être graves. Le *Journal moral et politique de Nancy* (1) du 13 messidor an VI (1er juillet 1798) l'annonce en ces termes : « La citoyenne Bonaparte qui est à Plombières, est tombée d'un balcon avec deux autres personnes; on a répandu qu'elle avait été grièvement blessée et les deux autres tuées; nous assurons que cette chute n'a eu de suite dangereuse pour personne. » Elle était sur ce balcon en bois avec Mme Adrienne de Cambis, le général Colle et le citoyen Latour; aucune de ces personnes ne fut sérieusement atteinte; seul un colonel de cuirassiers sur lequel Joséphine tomba eut la jambe cassée. Mais Joséphine avait pris peur ; elle changea son genre de vie, fit venir à Plombières près d'elle sa fille Hortense de Beauharnais alors élève dans la pension de Mme Campan; pourtant ses résolutions ne durèrent pas trop longtemps. A la fin de thermidor, un personnage important vint à Plombières.

(1) Ce journal, d'abord *Patriote de la Meurthe,* parut sous ce titre pendant la seconde partie de l'an VI ; à partir de vendémiaire an VII, il s'appellera le *Journal de la Meurthe.* Prévenons une fois pour toutes que ce journal est la principale source à laquelle nous avons puisé; à défaut d'autres indications, c'est à lui que nous avons emprunté nos renseignements.

Oh ! celui-là, tous les journaux signalent son déplacement : c'est l'un des cinq Directeurs, l'Alsacien Reubell. Il passe à Nancy le 24 thermidor (11 août 1798) à 8 heures du soir et en repart pour Plombières le lendemain. « Tous les bons citoyens, empressés de voir l'un de ceux qui ont sauvé la France au 18 fructidor, ont vu avec douleur son état affligeant », écrit le *Journal de Nancy*. Les honneurs militaires supérieurs lui sont rendus ; les autorités constituées se rendent auprès de lui et il les reçoit, malgré la maladie. Les eaux de Plombières lui font beaucoup de bien ; il offre bientôt une fête à la citoyenne Joséphine ; l'administration du département de la Meurthe envoie une députation à Plombières pour le complimenter sur son rétablissement et quand, le 15 fructidor (1er septembre 1798), il repasse à Nancy, sa saison achevée, sa santé est entièrement raffermie. Quant à Joséphine, elle s'attarde à Plombières ; elle n'en part qu'à la fin de fructidor, après y avoir résidé près de quatre mois. Cette fois-ci, elle visite Nancy pour la première fois, ce semble. Le *Journal moral et politique* de notre ville, à la date du 28 fructidor, contient l'entrefilet suivant : « La citoyenne Bonaparte est arrivée ici le 26 à minuit (*12 septembre 1798*). Les autorités constituées lui ont fait visite (*sans doute au matin du 26*). Le soir, à la Comédie, on lui a offert une couronne de lauriers qu'elle a refusé d'accepter, et à la fin de la pièce *Le Pari*, elle a reçu l'olivier qui lui a été présenté ; plusieurs couplets à la gloire de son époux ont été chantés ; elle a reçu le témoignage de la reconnaissance des Nancéiens envers lui. » En ce moment son mari Bonaparte, qui venait à peu près de conquérir l'Égypte, l'attendait inutilement au Caire. Elle s'en retournait à Paris, alléguant que la mer, gardée par les Anglais, n'était pas libre.

Après Bonaparte et Joséphine, Nancy devait recevoir Joseph, frère aîné de Bonaparte.

Le général, retour d'Égypte, avait fait le coup d'État du 18 brumaire an VIII (9 novembre 1799) : il était devenu le Premier Consul, et la victoire de Marengo (14 juin 1800) venait d'ajouter à sa gloire. L'Autriche, effrayée aussi par les succès de Moreau en Allemagne, proposa l'ouverture immédiate d'un congrès et il fut convenu d'un commun accord que ce congrès se réunirait à Lunéville. L'Autriche désigna comme plénipotentiaire M. de Cobentzel; Bonaparte, son frère Joseph qu'il voulait mettre en avant et dont il prétendait faire le diplomate attitré de son règne. De grands préparatifs sont faits à Lunéville pour recevoir les négociateurs : on répare le château de Léopold; on décore les appartements de tapisseries, de tableaux envoyés de Paris ou du *Museum* de Nancy; les citoyens du pays offrent leurs meubles les plus précieux, Clermont-Tonnerre d'Hamonville, un superbe lit de parade; Mayer-Max de Nancy, un très beau lustre. Chappe vient lui-même relier Lunéville à la ligne télégraphique de Paris à Strasbourg, en établissant des postes sur la côte de Coye et à Arracourt. A Nancy, on attend avec impatience l'arrivée de Joseph Bonaparte. Le 29 vendémiaire an IX (21 octobre 1800), ordre est donné par un officier de la place de préparer une garde d'honneur et de tenir les canons prêts pour rendre les honneurs militaires au frère du Premier Consul. Sur les 7 heures du soir, la compagnie des canonniers de la garde sédentaire et la garde commandée se rendent sur la Place du Peuple (notre *Place Stanislas*); mais c'est une fausse alerte, et les jours suivants encore la garde reste sous les armes et les canonniers à leurs pièces inutilement.

Le comte de Cobentzel arriva à Lunéville le 1er brumaire (23 octobre), prit son logis à la sous-préfecture (nº 41 de la rue Franklin, aujourd'hui nº 61 de la rue de Lorraine), les appartements du château n'étant pas encore prêts; mais il voulait, avant de commencer les pourparlers, s'entendre avec le Premier Consul. Il partit donc le 4 brumaire (26 octobre) pour Paris, traversa Nancy et, le 5 (27), à Void, à la poste aux chevaux, au moment du relais, il rencontra Joseph Bonaparte qui venait en sens contraire. Joseph envoya sa maison civile à Lunéville et rebroussa chemin avec le plénipotentiaire de l'Autriche. Ils restèrent quelques jours à Paris et le 15 brumaire (6 novembre), à 4 heures du soir, quatre coups de canon annoncèrent à Nancy l'approche des négociateurs. Les autorités civiles et militaires se réunirent aussitôt et attendirent en vain jusqu'à minuit. Cobentzel avec sa suite assez nombreuse ne passa qu'à 3h 30 du matin le 16 (7). Puis, à 7 heures du matin, fut de nouveau annoncé Joseph Bonaparte, accompagné de toute la légation française. La garde d'honneur, la compagnie des canonniers, la musique de la garde sédentaire, le préfet, le secrétaire général, le maire, les adjoints, les commissaires de police, le général de la 4e division militaire et son état-major, le tribunal d'appel et un grand concours de citoyens se rendirent à la porte de Toul pour le recevoir. A 10h 30, des salves d'artillerie annoncèrent son entrée. Le préfet Marquis fait son compliment, la musique joue : *Où peut-on être mieux ?* et tout le cortège accompagne le ministre plénipotentiaire jusqu'à la poste, Place du Peuple ; mais Joseph ne s'arrête pas : il se rend directement à Lunéville où il arrive à 12h 30 et se loge chez M. de Fresnel, rue Scævola (*rue de l'Abattoir*, no 26) (1). Dîners et fêtes se succédèrent dans l'ancienne petite cité et lui rendirent l'animation du temps de Stanislas (2). Mais ce ne fut pas encore la paix générale après laquelle l'Europe soupirait. L'Angleterre persistait dans la lutte, et l'Autriche, se prétendant liée par ses engagements, ne voulait pas traiter sans elle. Les hostilités continuèrent et Moreau infligea aux Impériaux la sanglante défaite de Hohenlinden, tandis que Cobentzel et Joseph Bonaparte, n'ayant rien à faire, visitaient les environs de Lunéville, les salines de la

---

(1) Les détails que nous donnons sont empruntés au *Journal de la Meurthe*. Cf. H. Baumont, *Histoire de Lunéville*, pp. 451-458.

(2) Un volumineux dossier est conservé aux **A. D.** sur le congrès de Lunéville. Presque chaque jour, le commissaire de police Maire envoyait à la préfecture un *Bulletin-Nouvelles*. Il y disait chez qui les plénipotentiaires avaient dîné, quelles représentations théâtrales avaient eu lieu. On pourrait tirer de ces documents un tableau très animé de Lunéville à la fin de 1800 et au début de 1801.

Seille, les forges de Cirey, ou s'ennuyaient beaucoup dans la petite cité. L'Autriche abattue se décida enfin à traiter, et à la sous-préfecture fut signé, le 20 pluviôse (9 février 1801), le traité qui reconnaissait pour la seconde fois à la France la possession de la rive gauche du Rhin. Peu à peu, tandis qu'on attendait les ratifications, la nouvelle se répandit; le 26 pluviôse (15) la municipalité de Nancy fit arborer des drapeaux sur les tours de la cathédrale et à l'hôtel de ville; on annonça à son de caisse au peuple que la paix était signée, et le soir il y eut illumination. Dans la nuit du 29 au 30 pluviôse (18-19 février) Joseph quitta Lunéville dans le plus grand secret, redoutant les honneurs officiels, et passa à Nancy sans que sa présence fût signalée. Cobentzel ne partit que le 5 ventôse (24 février), allant à Paris. Il fut salué à son passage à Nancy par dix-neuf salves d'artillerie. Pendant toute la durée des négociations, de nombreux courriers passaient à Nancy dans les deux sens pour se rendre à Lunéville ou à Paris; après la paix, on vit arriver de nombreux négociants allemands : on espérait une reprise des affaires et un nouvel essor donné au commerce et à l'industrie.

III. Second et troisième passages de Joséphine, femme du Premier Consul (20 messidor an IX-9 juillet 1801 — 16 et 17 thermidor an IX-4 et 5 août 1801).

Joséphine avait appris aux membres de sa famille le chemin de Plombières. En l'année 1800, c'est Paulette Bonaparte, femme du général Leclerc, qui vint y faire une saison, et, le 21 messidor an VIII (10 juillet 1800), elle signa à la mairie l'acte de naissance d'Aurore-Paulette Martinet, la fille de son hôte. La même année, la femme de Joseph Bonaparte, Julie Clary, se rendit à Plombières. Son mariage avait été célébré le 1er août 1794 — depuis près de huit ans — et il avait été stérile. Or, à Plombières, se trouve une source, celle des Capucins, qui émerge directement dans un bassin, sans que l'eau perde ses gaz et ses propriétés; et l'on prétend que les femmes stériles, à la suite d'une saison, deviennent mères. En fait, Mme Joseph se trouva bien de son traitement. En 1801 elle était enceinte et, le 19 messidor an IX (8 juillet). elle mit au monde sa première fille, Zénaïde-Charlotte-Julie.

A ce moment plus que jamais Joséphine désirait avoir un fils de son mariage avec Bonaparte.

Le Premier Consul était devenu le maître de la France, au moins pour dix années. Mais on comprit, surtout après l'attentat de la rue Saint-Nicaise (3 nivôse an IX-24 décembre 1800), combien ses jours étaient exposés, et, pour donner plus de force au nouveau régime, on songeait non seulement à prolonger les pouvoirs de Bonaparte sa vie durant, mais encore à les rendre héréditaires dans sa famille. Mais qui lui succéderait? Ses frères étaient jaloux les uns des autres, jaloux de Napoléon à qui ils faisaient souvent une opposition sourde. Ah ! si Bonaparte, alors âgé de trente-deux ans, avait un fils de Joséphine qui touchait à sa trente-huitième année, comme la situation serait plus rassurante, plus nette! Voilà pourquoi, de façon très subite, Joséphine, femme du Premier Consul, quitta Paris le 18 messidor an IX (7 juillet 1801) et prit le chemin de Plombières (1). Le 19 messidor le citoyen Monneret, courrier du Gouvernement, passa à Nancy, avec deux voitures « où étaient les gens de la maison de Mme Bonaparte ». Le lendemain, 20 messidor (9 juillet), entre 8 et 9 heures du matin, Joséphine passa elle-même à Nancy; elle était accompagnée de sa belle-mère, Lætitia Ramolino, de sa fille Hortense Beauharnais, de sa nièce mariée à un aide de camp du Premier Consul, Mme Lavalette, qui, lors de la Restauration, sauvera par un trait d'héroïsme la vie de son mari. Deux voitures suivaient, dans l'une desquelles était un aide de camp — Lavalette (?) — du Premier Consul. Joséphine n'a pas encore droit aux honneurs officiels; elle n'est que la femme du premier magistrat de la République : aussi elle semble n'avoir point été saluée par les autorités, ce qui lui épargne les ennuyeuses harangues. Nancy est alors tout occupée des préparatifs de la fête du 25 messidor (14 juillet) à laquelle elle veut donner un grand éclat. A Plombières, Joséphine suit avec rigueur les prescriptions médicales :

(1) Dans le livre, d'ailleurs remarquable, de J.-D. Haumonté, *Plombières ancien et moderne*, édition revue par Jean Parisot, les dates des voyages de Joséphine à Plombières sont fausses : elle est venue à Plombières deux fois sous le Consulat, en 1801 et 1802 (non pas en 1803); et deux fois comme impératrice, en 1805 et en 1809. Il n'y eut point de voyage de Plombières en 1808 où l'Impératrice fit, du 2 avril au 14 août, le voyage de Bayonne, avec la longue résidence au château de Marrac.

elle prend le nombre de bains et de verres d'eau prescrit; elle se rend de préférence à la source des Capucins; mais l'effet espéré ne se produit pas, « soit, comme l'écrit M. Frédéric Masson, qu'elle n'eût pas donné un suffisant pourboire à Jean, le gardien de ce petit abîme de création, soit que la foi lui manquât ». Le temps est, du reste, mauvais à Plombières comme à Paris, d'où le Premier Consul lui écrit, le 27 messidor, de façon assez drôle : « S'il fait aussi mauvais à Plombières qu'ici, tu souffriras beaucoup des eaux(1). » Des orages terribles éclatent dans les départements des Vosges et couchent les moissons. Aussi Joséphine ne prolonge pas cette fois-ci son séjour. Dès le 13 thermidor (1er août 1801), le *Journal de la Meurthe* annonça le passage prochain de Mme Bonaparte à Nancy, et, en effet, elle y arriva le 16 thermidor (4 août), à 2 heures de l'après-midi. La gendarmerie nationale était allée au-devant d'elle jusqu'à la limite du département de la Meurthe. Cette fois-ci, elle fut reçue comme la femme du chef de l'État : la réception qu'on lui fit, pour n'avoir point été prévue par le protocole, n'en fut que plus charmante. Joséphine fut complimentée, ainsi que Mme Bonaparte mère, par les autorités civiles et militaires et elle répondit à toutes les harangues par un mot aimable. Elle dîna au palais du Gouvernement chez le général Gilot, commandant la 4e division militaire; après le dîner, toute la société se rendit au spectacle.

(1) *Lettres de Napoléon à Joséphine*. Paris, Firmin Didot, 1833, t. I, p. 112. La date de l'année est fautive : il faut lire an IX au lieu de an X.

Joséphine et Lætitia furent accueillies avec de nombreux applaudissements; puis, jusqu'avant dans la nuit, elles assistèrent au bal donné en leur honneur à l'hôtel de ville (1). Le lendemain 17 thermidor (5 août), Joséphine visita les principaux monuments de Nancy, en compagnie du général Gilot et du préfet Marquis; elle se rendit au Muséum, alors installé à la chapelle de la Visitation, où avaient été entassés les tableaux et les statues enlevés aux couvents ou confisqués sur les émigrés; elle s'attarda surtout rue Sainte-Catherine au jardin botanique. Elle se piquait de connaître l'histoire naturelle, recevait des envois de plantes du monde entier et le Régent d'Angleterre, malgré la guerre, laissait passer celles qui étaient à son adresse. Elle s'entretint avec le directeur du jardin, Henri Willemet, grand-père de Soyer-Willemet; « elle développa dans cet entretien des connaissances rares dans la science de la botanique qui ont fait l'admiration des spectateurs ». Elle envoya, en souvenir de cette visite, à Willemet, toute une cargaison de plantes exotiques, et le jardin botanique s'enrichit de ses dons. C'est le jardin botanique qui évoque surtout à Nancy son souvenir. Après cette visite, Joséphine se rendit avec sa mère à la préfecture située alors Place du Peuple (notre *grand-hôtel*). La musique joua l'air : *Où peut-on être mieux ?* et l'on

(1) Nous n'avons pas de renseignement sur l'endroit où elles couchèrent; ce fut, selon toute apparence, au temple de la Paix, comme Joséphine le fit dans les voyages suivants. Les détails que nous donnons sont empruntés au *Journal de la Meurthe* de 19 thermidor.

présenta à Joséphine un jeune garçon qui venait de naître au citoyen Boudin, aide de camp du général Gilot. Elle voulut bien servir de témoin et de marraine civile à cet enfant. Elle lui donna le prénom de Dermide qu'on trouve dans la famille Bonaparte — un fils de Paulette et du général Leclerc, né le 1er floréal an VI (20 avril 1798), avait reçu, sur l'ordre de Bonaparte, le parrain civil, les prénoms de Dermide-Louis-Napoléon (1) — ; elle signa avec le général Gilot au registre de l'état civil que Lallemand, maire de Nancy, remplissant les fonctions d'officier public, avait apporté (2). Après cette cérémonie, on déjeuna chez le préfet et les dames prirent la route de Paris.

---

(1) Cette cérémonie eut lieu à Milan. Il faut observer que cet enfant avait été baptisé dans une église catholique et la cérémonie religieuse précéda la cérémonie civile.

(2) Voici le texte de cet acte de naissance :

Mairie de la ville de Nancy.

Arrondissement communal de Nancy, département de la Meurthe, du dix-sept thermidor l'an neuf de la République française. Acte de naissance de Dermide Boudin, né le seize du présent mois de thermidor à quatre heures et demie du matin, fils de François-Louis Boudin, capitaine aide de camp du général Gilot, demeurant en cette ville petite rue du Temple (*petite rue de la Primatiale*), et de Marie-Barbe Huÿn, son épouse légitime.

Le sexe de l'enfant a été reconnu être mâle.

Premier témoin, Madame Marie-Joséphine-Rose Tascher, épouse du citoyen Bonaparte, premier consul de la République française, demeurant à Paris;

Second témoin, le citoyen Joseph Gilot, général de division commandant la quatrième, demeurant en cette ville de Nancy, place de la République (*de la Carrière*).

Sur la réquisition à nous faite par le citoyen François-Louis Boudin, père de l'enfant, et ont signé :

Lapagerie-Bonaparte, Gilot, Boudin.

Constaté suivant la loi par moi, François-Antoine Lalle-

Le chef de l'état-major, le commandant de la place de Nancy, les aides de camp du général Gilot, le colonel et plusieurs officiers du 2e régiment des carabiniers, le colonel et grand nombre d'officiers de la 4e demi-brigade d'infanterie de ligne et une escorte de cuirassiers les accompagnèrent jusqu'à la première poste et, deux jours après, Joséphine et sa suite étaient de retour à Paris.

IV. Quatrième et cinquième passages de Joséphine à Nancy (28 prairial an X-17 juin 1802 — 20 et 21 messidor an X-9 et 10 juillet 1802).

L'hiver qui suivit ce voyage à Plombières Joséphine eut une grande joie : le frère de Napoléon, Louis, épousa, le 14 nivôse an X (4 janvier 1802), sa fille Hortense de Beauharnais; les deux familles s'alliaient de la façon la plus étroite et la situation de la femme du Premier Consul parut désormais inattaquable. Pourtant la question de l'hérédité se posait toujours et Joséphine n'avait pas perdu l'espoir d'avoir un fils. Ses beaux-frères se moquaient volontiers d'elle : « Allons, ma sœur, lui disait Lucien, faites-nous un petit Césarion », et la femme du Consul résolut d'expérimenter encore les eaux de Plombières. Le *Journal de la Meurthe* du 27 prairial an X (16 juin 1802) contient

---

mand, maire de la ville de Nancy, faisant les fonctions d'officier public de l'état civil.

Lallemand, maire.

Registre, fol. 76.

cet entrefilet : « On est assuré que Mme Bonaparte, épouse du Premier Consul, est partie de Paris le 25 du courant, pour se rendre à Plombières et qu'elle doit passer incessamment : déjà trois personnes attachées à la maison du Premier Consul sont passées ici se rendant à Plombières. » Et en effet, le 28 prairial (17 juin), Joséphine et sa suite traversèrent Nancy en grande hâte, escortées par un détachement des carabiniers et par la gendarmerie nationale; deux autres équipages accompagnaient la femme du Premier Consul. Le Concordat avait été signé et, peu de jours auparavant, le nouvel évêque de Nancy, M. Osmond, — c'était la dénomination officielle, — avait pris possession de son diocèse (22 prairial-11 juin). Il devait sa nomination à Joséphine, à laquelle il était rattaché par une lointaine parenté des îles d'Amérique. Joséphine fit sa cure à Plombières avec le même sérieux que l'année précédente; et souvent à Nancy passaient, dans l'un ou l'autre sens, les courriers du Consul, se rendant à la station thermale ou en revenant. Le Premier Consul écrivait souvent à sa femme. Dès le 30 prairial an X (19 juin 1802), il lui envoyait ce billet : « Je n'ai pas encore reçu de tes nouvelles. Je pense cependant que tu as déjà dû commencer à prendre les eaux. Nous sommes ici un peu tristes, quoique l'aimable fille (*Hortense, alors enceinte*) fasse les honneurs de la maison à merveille... Je t'aime comme le premier jour, parce que tu es bonne et aimable par-dessus tout (1) ». Puis,

(1) *Lettres de Napoléon à Joséphine*, t. I, p. 113-120, et t. II, p. 222. Ici encore, l'éditeur s'est trompé sur la date de ces

le 4 messidor (23 juin), il lui dit son ennui d'avoir appris que le voyage l'avait incommodée; le 8 messidor (27 juin), il a un espoir : « Ta lettre, bonne petite femme, m'a appris que tu étais incommodée. Corvisart (*premier médecin de Bonaparte*) m'a dit que c'était un bon signe, que les bains te feraient l'effet désiré et qu'ils te mettraient dans un bon état. » Joséphine recevait ces lettres avec bonheur; elle écrivait assez souvent à sa fille Hortense qui, malgré son état, jouait à ce moment avec grâce le *Barbier de Séville :* « Je suis toute chagrine, ma chère Hortense; je suis séparée de toi et mon cœur en est aussi malade que toute ma personne. » Seulement l'heure du retour sonna bientôt. Le 20 messidor (vendredi 9 juillet 1802) Joséphine repassa à Nancy; trois voitures formaient son cortège et elle était escortée par un détachement de carabiniers en garnison à Lunéville et par la gendarmerie; elle descendit au palais du Gouvernement où une garde d'honneur fut placée. Elle était accompagnée de Mmes Marmont, Thibaudeau, La Rochefoucauld et Talouet, des généraux Marmont et Caffarelli; elle soupa chez le général Gilot et de là se rendit au bal (1). Elle passa la nuit à l'hôtel qui portait pour enseigne :

lettres : les dates du jour sont exactes; mais au lieu de l'an XI (1803), il faut lire l'an X (1802). Nous n'avons trouvé aucune trace d'un séjour à Plombières en 1803 et toutes les allusions de ces lettres se rapportent bien à 1802. Dans la lettre du 12 messidor (1er juillet), on lit : « Tu dois avoir vu le général Ney qui part pour Plombières; il se mariera à son retour. » Or, le mariage de Ney avec Mlle Auguié eut lieu fin juillet 1802.

(1) Les dépenses pour le passage de Mme Bonaparte en l'an X s'élevèrent à 654 francs (frais de bal) et 84 francs (lampions).

Au Temple de la Paix. Là étaient descendues jadis les princesses Adelaïde et Victoire de France, lorsqu'en allant à Plombières, elles étaient reçues par leur grand-père Stanislas et, à cause d'elles, l'hôtel s'était appelé pendant un certain temps : l'Hôtel des Dames de France. Plus tard, il prit pour nom : Hôtel Impérial, Hôtel de l'Impératrice et ce fut, au cours du dix-neuvième siècle, l'Hôtel de France. Nous avons vu disparaître cette antique hôtellerie, rachetée par la Ville, qui y a installé sa caserne de pompiers. Le 21 (10 juillet), Joséphine déjeuna à la préfecture et à 1 heure après-midi se mit en route pour Paris. Les voitures étaient escortées par un détachement de cuirassiers de la garnison de Toul et par la gendarmerie. En somme, ce voyage fut comme une réplique affaiblie de celui de 1801. Les résultats ne furent pas meilleurs : Joséphine n'eut pas l'enfant qu'elle espérait.

V. Sixième passage de Joséphine (12 et 13 vendémiaire an XIII-4 et 5 octobre 1804).

Plus de deux années passèrent avant que Joséphine revînt à Nancy; mais par quels événements ces deux années sont remplies! Le sénatus-consulte du 14 thermidor an X (2 août 1802) proclamait Bonaparte Premier Consul à vie avec droit de présenter au Sénat son successeur; celui du 28 floréal an XII (18 mai 1804) proclamait Napoléon Empereur des Français, déclarait la dignité impériale héréditaire dans sa descendance directe, naturelle et légitime, lui donnait le droit d'adopter les enfants ou petits-enfants de ses frères, déférait la dignité impériale, à défaut d'héritier naturel ou adoptif de Napoléon, à Joseph et à ses descendants mâles (Joseph n'avait que des filles) et, à défaut de Joseph, à Louis et à ses descendants mâles. Joséphine devenait ainsi Impératrice des Français, et, bien qu'elle pût redouter un divorce, elle espérait que l'affection de Napoléon pour le jeune Napoléon-Charles, fils de Louis et de Hortense, né le 10 octobre 1802, l'emporterait et que sur la tête de cet enfant serait placée un jour la couronne impériale. Avec le titre d'Impératrice, Joséphine a reçu toutes les satisfactions de la vanité. Elle a sa maison à elle, sa dame d'honneur, sa dame d'atours, ses dames du palais, ses chambellans, ses écuyers; une nombreuse domesticité à sa livrée assure le service, et l'entretien de cette maison coûte fort cher. Désormais, dans les pays où elle passe, les honneurs officiels lui sont rendus conformément au décret du 24 messidor an XII (13 juillet 1804) : « Le préfet viendra, accompagné d'un détachement de gendarmerie et de la garde nationale du canton, recevoir Sa Majesté sur la limite du département. Chaque sous-préfet viendra pareillement la recevoir sur la limite de son arrondissement. Les maires des communes l'attendront chacun sur la limite de leurs municipalités respectives; ils seront accompagnés de leurs adjoints, du conseil municipal et d'un détachement de la garde nationale. A l'entrée de Sa Majesté dans chaque commune, toutes les cloches sonneront.

Si l'église se trouve sur son passage, le curé ou desservant se tiendra sur la porte, en habits sacerdotaux, avec son clergé. » Les mêmes honneurs sont rendus à l'Impératrice qu'à l'Empereur lui-même; il n'y a qu'un cérémonial de plus pour l'Empereur : les autorités civiles doivent remettre au souverain les clefs de la ville, à l'entrée du territoire urbain; et la municipalité de Nancy fait, en prévision d'un passage impérial, fabriquer deux clefs superbes qui ne s'adaptent aux serrures d'aucune porte, puisque aussi bien Nancy a cessé d'être une fortification; elle a sans doute encore ses portes qui se ferment le soir et qui ont leur farouche concierge; mais ces portes non plus que le mur d'octroi ne font d'elle une forteresse. Ce décret de messidor devint pour tous les fonctionnaires un épouvantail; à chaque passage de l'Empereur ou de l'Impératrice, le ministre de l'Intérieur en rappelle au préfet, le préfet aux sous-préfets, les sous-préfets aux maires, adjoints et curés les minutieuses dispositions.

Déjà les honneurs conformes sont rendus quand l'Impératrice se met en route pour prendre les eaux non plus à Plombières (1), mais dans l'ancienne

(1) Le premier personnage de la famille impériale qui ait passé par Nancy après la proclamation de l'Empire semble avoir été le prince Louis. Il venait d'acquérir le domaine de Saint-Leu lorsque, pour s'éloigner de sa femme qu'il détestait et sous prétexte de guérir ses maux d'estomac, il se mit en route pour Plombières au commencement de thermidor an XII (20 ou 21 juillet 1804). Il resta assez peu de temps dans cette station dont les eaux lui furent défavorables. Il était obligé d'aller à Turin présider, en qualité de connétable, le collège électoral du département du Pô. Il remplit

capitale de Charlemagne, à Aix-la-Chapelle, dont le traité de Lunéville a confirmé la possession à la France. Toute sa nouvelle maison l'accompagne et elle déploie un fort grand luxe. Cette *saison* d'Aix est marquée par des dépenses inouïes et voici qu'au milieu de fructidor an XII (début de septembre 1804), l'Empereur vient rejoindre sa femme, assiste à un *Te Deum* dans cette chapelle de Charlemagne à laquelle le Moyen Age allemand a ajouté un chœur gothique; quels parallèles s'imposent aux orateurs : le grand Charles, Barberousse, Napoléon! Ensemble, l'Empereur et l'Impératrice visitent Cologne, Bonn, Coblence, Mayence. De Mayence l'Empereur rentre directement à Saint-Cloud par Trèves, Luxembourg, Stenay (11-19 vendémiaire an XIII—3-11 octobre 1804). L'Impératrice prend un autre chemin : elle rentre par Spire et Saverne : Nancy est sur sa route.

Le 11 vendémiaire an XIII (3 octobre 1804) le préfet de la Meurthe, Marquis, prévenu par un courrier, se rendit à Phalsbourg, avec le colonel de la 19e légion de gendarmerie, pour recevoir l'Impératrice. Le 12, il va au-devant d'elle à la limite du département, accompagné du sous-préfet de Sarrebourg, Lepère, du colonel et d'un détachement de

---

son office, puis partit subitement, sans décommander le dîner auquel il avait convié les électeurs, qui trouvèrent portes closes. (Frédéric Masson, *Napoléon et sa famille*, t. II, p. 438.) Sur ce voyage de Louis à Plombières, qui eut lieu dans le plus strict *incognito*, nous n'avons rien trouvé dans les documents locaux. Le *Journal de la Meurthe* signale seulement le passage à Nancy, le 20 thermidor an XII (8 août 1804), d'un courrier de S. A. I. le prince Louis se rendant à Paris.

gendarmes. La rencontre a lieu entre 7 et 8 heures du matin. Premiers compliments. A Phalsbourg, accueil enthousiaste : des jeunes filles présentent des couronnes de fleurs. A Sarrebourg, Blâmont, Lunéville (1), Saint-Nicolas-de-Port, toute la population est dans la rue et acclame. Le clergé en habits sacerdotaux est rangé devant les églises. Depuis plusieurs jours la municipalité de Nancy a établi et fait approuver par le préfet le programme suivant :

Il sera établi un arc de triomphe à l'extrémité du faubourg de la Constitution (*de Strasbourg*), lequel sera environné d'arbres et haies de charmilles ainsi que de portiques en verdure, accompagnés de guirlandes de fleurs, pour le tout être illuminé en feux de couleurs à la nuit tombante.

La porte de la Constitution (*Saint-Nicolas*) sera décorée d'un transparent et d'ornements mêlés d'aigles et d'aiglons, pour le soir être pareillement illuminée.

La même illumination sera préparée au Musée (*chapelle de la Visitation*) et à la porte de Toul (*Stanislas*).

Le maire et ses adjoints, accompagnés du conseil municipal, iront à la limite de la banlieue vers Jarville recevoir Sa Majesté Impériale; le cortège sera précédé d'une musique guerrière et escorté d'un détachement de la garde sédentaire et de la gendarmerie impériale.

Au moment de l'entrée de Sa Majesté sur le ban de Nancy, la musique, les tambours et le son de toutes les cloches l'annonceront aux citoyens de la ville qui sont invités à illuminer.

---

(1) Comme le pavé de la ville était mauvais, on fit passer le cortège par le chemin qui conduit à la ferme de l'ancien château de Chanteheux, par les Bosquets et les arcades du château.

Ce programme fut fidèlement exécuté. L'Impératrice arrivait sur le territoire de Nancy à 6 heures du soir. Elle était attendue non seulement par la garde sédentaire, mais par une partie du bataillon de ligne en garnison dans la ville. Aux compliments du maire, Joséphine répondit qu'elle revoyait toujours avec plaisir sa bonne ville de Nancy. Des vivats furent poussés par la foule qui encombrait les rues. Sa Majesté descendit au *Temple de la Paix* où l'attendait une garde d'honneur. On pensait qu'elle se rendrait à la Comédie; mais elle se déclara trop fatiguée de son voyage et se retira de bonne heure dans ses appartements. Le directeur avait préparé une pièce de circonstance : *L'Heureuse Journée ou Le Passage de S. M. l'Impératrice à Nancy*, impromptu en vaudeville, que devait terminer un feu d'artifice. Le directeur fut désappointé, renvoya le spectacle au dimanche suivant, 15 vendémiaire (7 octobre), et les Nancéiens applaudirent les couplets en l'honneur de leur souveraine :

Tandis qu'à de nouveaux succès
Son époux suit Mars qui l'inspire,
Par ses vertus et ses bienfaits
Elle signale son empire :

Si du respect et de l'amour
Le simple et touchant témoignage
Pouvait seul fixer son séjour,
Ici finirait son voyage.

L'Impératrice ne devait rester qu'une nuit à

Nancy (1). Le 13 vendémiaire (5 octobre), elle était debout de bonne heure. Le départ était fixé à 6 heures du matin. On se rendit d'une traite à Toul; des cuirassiers de cette garnison accompagnaient les voitures. Puis le cortège passa à la vitesse des chevaux dans la Meuse, par Saint-Aubin, Ligny, Bar-le-Duc où Sa Majesté daigna accepter des confitures. Le soir même on couchait à Châlons. L'Impératrice avait déployé beaucoup de bonne grâce et de séduction pendant cette course : elle s'était montrée aussi très généreuse; les Nancéiens racontèrent longtemps les menus incidents de cette courte visite.

Il semblait que l'impératrice des Français était arrivée au faîte des honneurs. Il n'en était rien. A son retour à Paris, son mariage avec Napoléon, qui n'avait été jusqu'alors qu'un mariage civil, fut béni par l'Église : le cardinal Fesch célébra, le 1er décembre 1804, le mariage religieux; le lien qui attachait Napoléon et Joséphine semblait ne plus devoir être dénoué : « Que l'homme ne sépare point ce que Dieu a uni. » Et le lendemain, 2 décembre, ce fut, sous les voûtes de Notre-Dame, le sacre par le pape Pie VII qui avait quitté Rome pour présider cette cérémonie. En mai 1805 Joséphine accompagna en Italie son mari qui, le 26 de ce mois, se fit couronner dans

(1) Dans le budget pour Nancy, de 1807, figurait cet arriéré : « Pour le passage de S. M. l'Impératrice le 13 vendémiaire an XIII, il est dû à dix particuliers, pour la construction d'un arc de triomphe, au faubourg de la Constitution et frais d'illumination, la somme de 2.067f 25; aux six sonneurs des paroisses, 11f 50; et pour dépenses imprévues, 53f 95, au total 2.132f 70. »

la cathédrale de Milan roi d'Italie : elle porte désormais le titre d'Impératrice et Reine (1).

Pendant que Napoléon et Joséphine voyageaient en Italie, Joseph Bonaparte fit une apparition à Nancy. L'Empereur avait comblé de faveurs son frère aîné; le sénatus-consulte de floréal avait fait de lui l'héritier du trône. Il avait été nommé grand-électeur avec logement au Luxembourg et des appointements d'un million et demi qu'il avait ajoutés aux revenus de sa sénatorerie; il avait reçu en plus de nombreuses gratifications. De cet homme de loi, Napoléon avait fait un militaire, le désignant d'emblée comme colonel, et il lui avait attribué le 4e régiment de ligne qui se trouvait alors à Boulogne, mais dont le dépôt, formé de son 3e bataillon, était à Nancy. Néanmoins, Joseph boudait, ne se croyant pas payé de façon suffisante. En l'absence de l'Empereur en 1805, il visita les garnisons du Nord et de l'Alsace; mais, lui, simple colonel, se posa en héritier du trône, passa des revues, commandant aux généraux. Après avoir visité Strasbourg, il passe à Lunéville et vient à Nancy, le 13 prairial an XIII (2 juin 1805), à 10 heures du soir. Il descend à l'hôtel du Petit-Paris (dans la rue actuelle de la Constitution). Le lendemain 14 (3), il inspecte le 3e bataillon du 4e de ligne — son régiment, — le fait manœuvrer, visite en détail la caserne Sainte-Catherine où le régiment est logé, tient conseil d'ad-

(1) Le bruit courut un instant que l'Empereur et l'Impératrice reviendraient ensemble par la Suisse, gagneraient Strasbourg et Nancy. Marquis échangea à ce propos une correspondance avec son collègue du Bas-Rhin, Shée.

ministration avec les officiers. Sans doute c'est là le rôle d'un colonel; sans doute aussi il ne veut pas que les autorités civiles lui présentent leurs devoirs. « Les citoyens de Nancy regrettent que l'*incognito* sévère que garde Son Altesse Impériale dans le cours de ses voyages ne leur laisse pas les occasions de faire éclater les sentiments d'affection dont sont animés tous les habitants d'un département où le traité de Lunéville a laissé des souvenirs si honorables au Prince qui en fut le glorieux négociateur. » Mais enfin il agit ainsi sans ordre de son frère qui ne dissimule pas son mécontentement; il cherche à se créer une popularité facile. Vers les 7 heures du soir, sa femme, Julie Clary, revient de Plombières où elle a fait une nouvelle saison : avec elle, il se rend à 9h 30 du soir à la caserne Sainte-Catherine où, dans la cour, les officiers du 4e régiment font tirer le plus beau feu d'artifice qui se soit encore jamais vu à Nancy : on admire un transparent enflammé qui représente le Prince avec cette inscription : Vive S. A. I. le prince Joseph notre colonel ! Pour bien montrer sa satisfaction, Joseph, « ce prince chéri », fait distribuer 1 franc à chaque soldat de la garnison et 3 francs aux sous-officiers. Joseph et sa femme quittèrent Nancy le 15 prairial (4 juin) et regagnèrent leur belle terre de Mortefontaine. Napoléon daigna pardonner à son retour toutes ces fantaisies, toute cette poursuite de succès faciles, toute cette affectation de se conduire en héritier présomptif, et il emmena avec lui son frère au camp de Boulogne.

VI. Septième et huitième passages de Joséphine (15 thermidor an XIII-3 août 1805 — 10 et 11 fructidor an XIII-28 et 29 août 1805).

Le voyage d'Italie avait beaucoup fatigué Joséphine. Elle a besoin sérieusement de repos et elle songe à le prendre dans ce cher Plombières où elle a passé déjà trois étés et où elle n'est pas revenue depuis 1802. Elle veut y vivre simplement; mais pourtant elle ne peut faire oublier qu'elle est l'impératrice des Français, la reine d'Italie; elle sera obligée d'essuyer des honneurs officiels et condamnée à un train ruineux.

Le *Journal de la Meurthe* du 1er thermidor an XIII (20 juillet 1805) annonça comme très prochain le passage à Nancy de S. M. l'Impératrice se rendant aux eaux de Plombières. Le maire de Nancy Lallemand, aussitôt prévenu par le préfet, arrêta le programme. Il ne différait guère de celui qui fut exécuté lors du passage de Sa Majesté, le 13 vendémiaire précédent. L'arc de triomphe, au lieu de se dresser du côté de Jarville, devait être élevé au bas de la côte de Buthegnémont. Des piquets, plantés sur les deux rebords du chemin depuis le haut de la côte jusqu'à la porte de Toul (*Stanislas*), recevraient des pots à feu pour éclairer la marche de Sa Majesté qui, à ce qu'on pensait, devait arriver de nuit. On illuminerait la porte de Toul, les édifices publics, le piédestal de la Place Napoléon (1) qui attendait toujours une

(1) Par un arrêté municipal en date du 9 frimaire an XIII

statue en remplacement de celle de Louis XV fondue à Metz. Sa Majesté se proposait de coucher à Nancy au *Temple de la Paix* et le maire écrivit à M. Louis, maître d'hôtel, de prendre les dispositions nécessaires.

Les équipages de l'Impératrice ne tardèrent pas à passer dans la ville, à la grande joie des badauds. On envoya à Plombières, de Nancy, la compagnie des grenadiers du 3e bataillon du 4e régiment de ligne, qui devait servir à la garde de Joséphine pendant son séjour. L'Impératrice quitta Saint-Cloud le 13 thermidor (1er août), coucha à Châlons, traversa, le 14, les départements de la Marne et de la Meuse, fut à 5 heures du soir à Bar-le-Duc dont la jeunesse avait formé deux petits corps, l'un à pied, l'autre à cheval, pour la garde d'honneur, passa à Ligny, à Saint-Aubin, à Void. A quelque distance était la frontière de la Meuse et de la Meurthe. Là attendaient, suivant le protocole, le préfet Marquis, le sous-préfet de Toul Géhin, auxquels s'était joint le titulaire de la sénatorerie de Nancy, M. Vimar, un Normand, ancien révolutionnaire que sa grasse prébende avait attaché au régime impérial. On traverse le premier village de la Meurthe, Lay-Saint-Remy, puis Foug, Écrouves; partout des arcs de triomphe que l'Impératrice ne voit pas, car la nuit est tombée. A Toul, illumination générale : on passe au galop des chevaux. Il pleut à verse, et ce n'est qu'à 3 heures du matin,

(30 novembre 1804), la Place du Peuple était devenue la Place Napoléon, et l'Arc de Triomphe, la Porte Napoléon.

le 15 thermidor (3 août), que l'Impératrice arrive sur le territoire de Nancy (1). Le maire attend à l'entrée de la banlieue avec tout son conseil et à cette heure matinale, on échange rapidement les compliments. Lallemand présente les hommages des habitants de cette ville si souvent appelée par Sa Majesté « sa bonne ville ». Joséphine répond « par les choses les plus flatteuses ». La musique joue : *Où peut-on être mieux?* et, selon les expressions du compte rendu officiel, « continue d'exprimer par les accents les plus mélodieux les sentiments de l'allégresse publique ». A la porte de la ville attend le général de la 4e division militaire. La foule a tenu bon et accompagne Sa Majesté jusqu'à l'*Hôtel de la Paix*, où est placée la garde d'honneur du 4e régiment de ligne. Joséphine tombait de sommeil et ne poussa point jusqu'à la Place Napoléon où, sur le socle vide, s'élevait une pyramide que surmontait l'aigle impériale posée sur un globe et qui était couverte d'inscriptions en l'honneur de l'Empereur. L'Impératrice se coucha tard et le lendemain on partait à 8h 30 (2).

(1) On remarqua que, le même jour et presque à la même heure où l'Impératrice arrivait à Nancy, l'Empereur faisait son entrée à Boulogne.

(2) Elle ne reçut par suite pas les autorités. Le préfet avait averti du passage le président de la Cour d'appel, le président de la Cour de justice criminelle, l'évêque, le président du tribunal de première instance et le président du tribunal du commerce le 7 thermidor, avec invitation aux présidents de convoquer, s'il y avait lieu, la Cour ou le tribunal. — Le budget de Nancy pour 1807 porte qu'il reste dû, pour le passage de S. M. l'Impératrice, le 14 thermidor an XIII, à onze particuliers pour la confection d'un arc de triomphe, ornements extraordinaires, décorations à la porte de Toul et illumina-

Des courriers précédaient la voiture du préfet du palais, M. de Beausset; chevauchait ensuite le capitaine de gendarmerie devant la voiture de l'Impératrice où se trouvaient avec elle Mme de La Rochefoucauld, sa dame d'honneur, la dame du palais comtesse d'Arberg de Valengin et la fille aînée de celle-ci, que l'Empereur mariera plus tard au général Klein, de Blâmont. La troisième voiture portait M. d'Harville, premier écuyer, et M. de Beaumont, chambellan; dans la quatrième étaient : M. Deschamps, secrétaire des commandements, MM. de Fouler et de Corbineau, écuyers ordinaires, et le médecin. Le cortège passe sous la porte de la Constitution, s'éloigne de Nancy : il traverse, dans le département de la Meurthe, Richardménil, Flavigny, Crévéchamps, Neuviller, Bainville, Mangonville et Gripport (1); les maires attendent avec la garde nationale et voient disparaître en hâte les somptueux équipages. Le soir même, on arrive à Plombières et l'on se tasse dans la petite ville.

Joséphine veut avant tout se reposer. Elle ne tarde pas à renvoyer à Nancy les grenadiers du 4e régiment; à Vesoul 70 hommes du 5e régiment de cuirassiers qu'on a expédiés pour sa garde : elle ne conserve, pour faire service auprès d'elle, que 30 hommes de

---

tion, 2.776f 74; à quatre particuliers pour service extraordinaire pendant la nuit, dépenses imprévues, musique, voitures et autres objets accessoires, 620f 40; au total, 3.397f 14.

(1) Le préfet avait écrit aux maires de ces villages de prendre les dispositions nécessaires. Le sous-préfet de Lunéville Lejeune, malade, ne put se trouver au rendez-vous que Marquis lui avait assigné à Neuviller, chez M. Jordy.

la Garde impériale. L'Impératrice et ses dames font quelques excursions : elles vont au Moulin-Joli, dans des chariots décorés de feuillage; elles poussent jusqu'à la montagne qui sépare la vallée de l'Eaugronne de celle de la Combeauté. L'Impératrice se fait aussi peindre par Laurent, d'Épinal, à qui elle paie son portrait 6.000 francs. Le vendredi 28 thermidor (16 août), après l'anniversaire de la naissance de l'Empereur, les dames qui prennent les eaux donnent une fête en son honneur. Elles représentent un acte, mêlé de vaudeville, de la composition de Mme Hainguerlot; le sujet en est un trait de bienfaisance de l'Impératrice, à l'un de ses précédents voyages. L'on célèbre naturellement Napoléon :

Ah! quand il rend au nom français
Et son éclat et sa puissance,
Quand par les plus brillants succès,
Il immortalise la France,
Pour prix de tant d'exploits fameux,
Le Ciel, dans sa bonté divine,
Voulut qu'il fût le plus heureux
Et pour lui créa Joséphine.

Après le spectacle, un bal. Joséphine s'y montre aimable, s'informe auprès des dames présentes de leur santé, des raisons qui les ont fait venir à Plombières : entretiens de stations balnéaires; mais Joséphine a été un peu imprudente, car M. Hainguerlot, le contribuable de France le plus imposé, a fait sa fortune dans de louches spéculations et à Paris les salons de l'Empereur lui sont fermés. L'Impératrice ne veut pas demeurer en reste de politesse. Le dimanche 30 thermidor (18 août), elle offre à son tour un concert. M. de Beausset a mandé de Nancy des musiciens; il a convié M. Eck, « un des plus fameux amateurs de violon ». Un bal suit le concert; puis le souper est servi à 10 heures. Comment, à Plombières, où les habitations sont si restreintes, donner, après un bal, un repas de 80 couverts? On a dressé, en guise de salle à manger, une tente dans la cour d'une maison voisine de celle où se donne le bal (1), et l'on accède à cette tente par un pont jeté sur la rue. On vanta beaucoup la splendeur de cette fête : mais l'Impératrice comprit-elle qu'elle s'était trompée, en se rendant à une invitation de Mme Hainguerlot? Elle ne parut point au souper (2).

Cependant la saison touchait à sa fin. Le mercredi 10 fructidor (28 août) Joséphine et sa suite quittèrent Plombières, après avoir fait distribuer à la classe indigente des secours en vivres et en argent. A Nancy on avait tout préparé pour recevoir l'Impératrice. Dès le 4 fructidor (22 août), le maire avait envoyé le programme qui fut approuvé par le préfet le 5 (23) (3). Nous indiquons ici les articles nouveaux :

---

(1) Le bal a pu se donner au premier étage du *Bain tempéré* et la tente être dressée dans la cour du couvent des Capucins, là où sera construit, à partir de 1811, le *Bain national.*

(2) Nous empruntons ces détails à un *Supplément au Journal de la Meurthe,* n° 165 (5 fructidor an XIII). Cf. Frédéric MASSON, *Joséphine impératrice et reine,* pp. 411-414.

(3) Le sous-préfet de Lunéville stimule, dès le 5 thermidor, le zèle des maires des villages qui sont sur le passage de Sa Majesté : « M. le préfet, qui a été très satisfait de votre zèle et de vos soins lors de l'arrivée de Sa Majesté, compte, ainsi

Il sera établi un camp orné de trophées et entouré d'une plantation d'arbres à l'extrémité du territoire de Nancy sur la route de Plombières Ce camp est destiné aux officiers retirés, aux maire et adjoints, ainsi qu'à huit jeunes demoiselles chargées de présenter des fleurs à Sa Majesté au moment de son arrivée... Il sera préparé une fête à la salle du spectacle où Sa Majesté sera invitée à se rendre. Il en sera de même à la grande salle de bal (la *salle des Redoutes* à l'hôtel de ville) pour s'y porter après le souper de Sa Majesté.

De plus, pour la première fois, on avait formé une garde d'honneur locale, — non plus une garde d'honneur militaire, comme lors des précédents passages; — elle était composée des officiers de retraite et de réforme et de jeunes gens riches de la ville qui avaient proposé de former un escadron en uniforme et en armes, ainsi qu'il avait déjà été fait ailleurs, à Bar-le-Duc par exemple (1). Le maire, Lallemand, avait accepté cette offre « avec sensibilité ». On se hâta; on pressa les tailleurs; et au jour de l'arrivée de l'Impératrice, à 3 heures de l'après-midi, cette garde

---

que moi, que vous en montrerez autant pour le moment de son retour. »

(1) Sur les gardes d'honneur de la Meurthe, on consultera les travaux d'Albert DEPRÉAUX, *Les Gardes d'honneur lorrains* (Nancy, Lunéville, Metz) dans le *Pays Lorrain*, 1906, pp. 360, 390, 472 et 515, et tiré à part. (Le même a fait paraître en 1907 *Les Gardes d'honneur de Strasbourg*, extrait du *Messager d'Alsace-Lorraine*.) Mais on lira surtout avec profit le travail du lieutenant E.-L. BUCQUOY, *Les Gardes d'honneur du Premier Empire*. Nancy, A. Crépin-Leblond, 1908. Voir surtout p. 257-277. Un dépouillement du *Narrateur de la Meuse*, paru à Commercy depuis le 27 septembre 1804, aurait fourni quelques renseignements complémentaires sur les gardes d'honneur de ce département.

d'honneur se trouva en bataille près de l'hôtel de ville sur la Place Napoléon. Là on se mit en marche pour gagner le camp de la route de Strasbourg. En tête « le corps aussi léger que brillant de l'élite de la jeunesse », puis successivement un détachement de la garde sédentaire, les officiers en retraite ou en réforme, « enfants chéris de la Victoire », un détachement de la garnison, un groupe de musiciens; suivent dix voitures qui portent le maire, les adjoints, les trente conseillers municipaux, les deux commissaires de police et les huit demoiselles : Mlles Mengin, fille du président de la justice criminelle, de Vigneron, Zaiguelius, Saint-Félix, Lévy-Berr, Berr (1), Jacquinet et Ducreux, toutes les huit, dit le compte rendu, « également remarquables par leur beauté, leur éducation soignée et leur brillant costume (2) ». A peine était-on arrivé au camp que furent signalées les voitures de l'Impératrice. Discours bref du maire et du commandant des compagnies d'officiers, air de musique : *Où peut-on être mieux?* Puis le cortège se rend au *Temple de la Paix* qui est devenu l'*Hôtel Impérial.*

---

(1) Il faut observer la présence de ces deux jeunes filles israélites. Napoléon Ier favorisa beaucoup les israélites à Nancy; il leur fit ouvrir le conseil municipal. Dès 1800, le préfet Marquis nomma au conseil Isaac-Berr Berr, le père d'une de ces demoiselles. En 1806, il y appela Moïse Lévy, encore que celui-ci n'eut pas été présenté par les assemblées cantonales.

(2) La municipalité fit imprimer le compte rendu de ces fêtes qui parut en supplément du *Journal de la Meurthe* (il manque dans la collection de la ville). Mais on le trouve souvent à part : *Précis des fêtes et réjouissances qui ont eu lieu à Nancy, à l'occasion du passage de S. M. l'impératrice des Français et reine d'Italie,* le dix fructidor an XIII. 8 pages in-8.

Joséphine donne audience aux autorités; elle reçoit les huit demoiselles. Mlle Mengin tient deux couronnes, l'une à la Bienfaisance, l'autre à la Valeur, et récite un compliment en vers dont nous détachons la strophe suivante (l'auteur est Blaise, le poète officiel de la ville) :

> Quand l'aigle impérial nous couvre
> De son aile, abri protecteur,
> De Joséphine la main s'ouvre
> Sur l'indigence et le malheur.
> Il est une double couronne
> Que lui décernent tous les cœurs;
> Lauriers, fixez-vous près du trône,
> La Bienfaisance aura les fleurs.

L'Impératrice reçoit aussi Remi Willemet, directeur du jardin botanique, qui lui remet sa *Phytographie encyclopédique ou Flore de l'ancienne Lorraine et des départements circonvoisins.* L'ouvrage, en trois volumes, venait de paraître à Nancy, et le présent fut sûrement goûté de l'Impératrice (1). Elle attacha sans doute moins de prix au *Tableau moral du département de la Meurthe* (2) que lui remit Claude Thiébaut,

---

(1) Remy Willemet mourut à la fin de juillet 1807. Le *Journal de la Meurthe* porte à la date du 29 juillet : « La ville de Nancy, les sciences et l'humanité souffrante ont fait depuis peu une perte très grande dans la personne de M. Willemet, un des premiers botanistes de France. »

(2) Ce n'est pas un écrit politique, comme le pourrait faire croire le titre principal : le sous-titre en indique mieux la nature, *ou Recueil des belles actions qui y ont eu lieu depuis 1787 jusqu'à l'an XIV ou 1806.* L'auteur y raconte toute une série de traits de courage ou de dévouement. Il fait, dans son introduction, le plus grand éloge du département de la Meur-

le rédacteur du *Journal de la Meurthe*. Le journal, sans doute, vantait les bienfaits du régime impérial; mais Thiébaut avait célébré au début le 18 fructidor et s'était signalé par sa haine contre les prêtres; puis l'on se souvenait peut-être encore à Nancy qu'il avait été un sans-culotte et qu'il avait fait jouer au théâtre des pièces révolutionnaires : *La Guerre de Vendée, Le Mariage républicain.* La nuit était cependant venue; le tambour et les cloches invitèrent les Nancéiens à illuminer. L'Impératrice se rendit au spectacle, comme elle l'avait promis. On venait de terminer la représentation du *Prisonnier*, opéra en un acte, paroles d'Alexandre Duval, musique de Della-Maria, quand elle fit son entrée dans la salle. Les acclamations retentirent aussitôt, et la toile se leva pour un à-propos préparé par le directeur, M. Duverger. Sur la scène était figuré l'arc de triomphe qui avait été élevé au faubourg de la Constitution, portant un transparent avec ces mots :

Tous les cœurs la désirent
Toutes les voix l'appellent!

Acteurs et actrices viennent réciter des compliments; l'un des personnages s'écrie, aux applaudis-

---

the qui paie le mieux ses contributions, qui a le plus fait pour l'intérêt commun. « Notre illustre monarque se plaît à donner à la Meurthe la qualification *de bon, d'excellent département;* et quel plus bel éloge pouvait-il en faire, en disant, dans une circonstance solennelle, aux chefs de la force publique : Là, vous devez avoir peu de choses à faire; il n'y a que d'honnêtes gens. »

sements du public : « Puisse-t-elle affectionner tellement sa bonne ville de Nancy qu'elle voulût y résider toute sa vie. » L'étoile de la troupe, Mme Richardy, chante une ariette; on récite les couplets de M. Blaise; enfin on représente les *Prétendus*, opéra en trois actes, paroles de Rochon de Chabannes, musique de Lemoyne. A la sortie, la foule fait une ovation à l'Impératrice et le feu d'artifice est tiré sur la Place Napoléon; les chandelles romaines s'élancent par-dessus les rues que Joséphine parcourt pour se rendre à son hôtel. A 10 heures s'ouvre à la mairie le bal qui dure jusqu'à 3 heures du matin. L'Impératrice fatiguée n'y assiste point. On avait fait courir le bruit qu'elle devait partir le lendemain 11 fructidor (29 août) à 8h 30 du matin; en réalité elle partit à 4h 45, alors que la ville était encore endormie (1). A 8 heures, elle est déjà à Void — les jeunes hommes de la Meuse avaient tenté de former une garde d'honneur de cavalerie (uniforme bleu). — A 1 heure elle passe à Bar-sur-Ornain. Elle couche à Châlons, et le 12 (30) au soir, elle est de retour à La Malmaison, après avoir été complimentée à Bondy par le préfet de la Seine.

---

(1) Au budget pour 1807 sont portées les dépenses pour le passage de S. M. l'Impératrice, le 10 fructidor an XIII, à cinq particuliers pour frais d'établissement d'un camp à l'entrée du territoire de Nancy, 605f 05; à trois autres pour frais de décoration à la porte de la Constitution, 245f 75; à six autres, pour les frais de la fête extraordinaire préparée à la salle de spectacle et à celle de bal, 906f 10; à quatre particuliers, pour illumination et artifice, 1.889f 20; à deux autres, pour service extraordinaire, dépenses imprévues, musique et voitures, 246 francs; au total, 3.892f 10.

VII. Second et troisième passages de Napoléon Ier (3 vendémiaire an XIV-25 septembre 1805, 25 janvier 1806). Neuvième et dixième passages de Joséphine (mêmes dates).

Au moment où Joséphine rentrait à Paris, la situation politique était devenue très troublée. L'Angleterre venait de signer avec la Russie une alliance offensive et défensive à laquelle l'Autriche n'avait pas tardé à adhérer : c'était la guerre continentale s'ajoutant à la guerre maritime. De Boulogne, Napoléon transporta la Grande Armée du côté de l'Est vers l'Allemagne, et lui-même partit en grande hâte pour se mettre à sa tête. La grande route de Paris à Strasbourg traverse Nancy : c'est par cette voie que défila une partie des troupes et le *Journal de la Meurthe* du cinquième jour complémentaire de l'an XIV (22 septembre 1805), après avoir raconté tous ces passages, put s'écrier : « Si tous les ennemis de la paix pouvaient voir, comme les habitants de Nancy, la belle tenue des troupes et leur ardeur et entendre leurs chants pendant la marche, ils frémiraient des résultats d'une guerre qu'ils ont provoquée pour leur propre destruction. » Avec ces troupes passèrent les équipages et voitures du service de l'Empereur; enfin l'Empereur vint lui-même avec l'Impératrice. Ce n'était pas le moment des réceptions solennelles. Napoléon était pressé; il allait à Ulm et à Austerlitz! Il voyageait tout à fait *incognito*. Il part de Saint-Cloud le 2 vendémiaire an XIV (24 septembre 1805) entre 4 et 5 heures du matin, reste toute la journée dans son carrosse. Le 3 (25), il fait son entrée à Bar-le-Duc avec l'Impératrice, à 11 heures du matin : six voitures forment sa suite. On déjeune en hâte à l'*Hôtel du Cygne;* à 3h 15, le cortège arrive à Void; un peu plus tard on passe au premier village de la Meurthe, à Lay-Saint-Remy, où l'Empereur fait la charité à un vieux militaire infirme. On arrive à Nancy à 9 heures du soir. Les Nancéiens, sans être renseignés de façon précise, pensaient bien que l'Empereur passerait par leur ville : ils s'étaient portés en masse sur la route de Toul; et dès qu'ils virent les voitures, ce furent de longues acclamations! Toutes les fenêtres de la cité furent illuminées; les habitants se mirent sur leurs portes avec des flambeaux, pour éclairer la route. Sur la Place Napoléon, on relaya et l'Empereur se montra à la foule. Il fut alors reconnu qu'il était accompagné de l'Impératrice — ce qu'on ignorait — et aux cris de : Vive l'Empereur! se joignirent ceux de : Vive l'Impératrice! Puis le cortège partit au grand galop. Le lendemain 4 vendémiaire (26 septembre), l'Empereur était à Strasbourg et, laissant Joséphine dans cette ville, au palais des Rohan, il s'enfonça en Allemagne pour sa glorieuse campagne.

L'Empereur n'avait pu s'arrêter à Nancy alors que la guerre menaçait; mais maintenant que la paix de Presbourg a été signée avec l'Autriche, que l'empereur Alexandre de Russie semble gagné, Napoléon ne daignera-t-il pas demeurer quelques heures au moins à Nancy, pour recevoir les hommages de son peuple reconnaissant? On l'espérait beaucoup; on annonça son arrivée pour le 10 janvier 1806, et, dès le 5 janvier, la mairie arrêta ce programme qu'approuva la préfecture (1) :

La porte de la Constitution sera décorée à l'extérieur de pyramides portant l'aigle français et de transparents

---

(1) Dès le 6 nivôse an XIV (27 décembre 1805), le préfet Marquis a écrit sous le sceau du secret au sous-préfet de Lunéville :

« Tout paraît annoncer, Monsieur, que S. M. l'Empereur et Roi retournera sous peu dans sa capitale. L'enthousiasme qu'ont excité les victoires à jamais mémorables dues essentiellement à son génie ont trop ajouté à l'amour que tous les Français lui ont voué pour qu'il soit besoin d'exciter les citoyens à lui en faire entendre les expressions au moment de son passage.

« Mais il est des détails propres à donner plus d'éclat encore à l'allégresse publique et que l'administration doit soigner, parce qu'ils ne dépendent pas absolument de l'affection et de la volonté des particuliers.

« Vous voudrez bien recommander confidentiellement aux maires des communes qui se trouvent sur la route de Paris et surtout à ceux des villes et bourgs de faire en sorte, dès qu'ils auront connaissance que Sa Majesté va passer (ce qu'ils sauront bien sûrement par les courriers qui la précéderont), que le son des cloches se fasse entendre; qu'il y ait des feux de joie; que toutes les maisons qui se trouvent sur la route se trouvent rapidement illuminées, si déjà le jour est tombé; et qu'à tel moment du jour ce soit, les fonctionnaires locaux, accompagnés de détachements de la garde nationale tenus le plus décemment possible, se portent à la rencontre de la voiture aussi loin qu'ils le pourront et se trouvent sur le passage, tant en témoignage de dévouement et de respect que pour prévenir toute espèce de désordre dans les rassemblements qu'occasionnera cette circonstance.

« En un mot, Monsieur, invitez les maires à faire en ce moment toutes les dispositions propres à démontrer l'allégresse publique et qui n'exigent aucun long préparatif, comme cela peut avoir lieu à l'occasion d'un événement heureux et im-

analogues. Elle sera illuminée à l'extérieur en feux de couleurs et à l'intérieur en lampions ordinaires.

Le piédestal de la Place Napoléon sera aussi orné de panneaux portant les différents attributs et devises que commandent les principales victoires remportées en si peu de temps par le héros du siècle. Ce piédestal et l'Arc de Triomphe Napoléon seront illuminés en feux de couleurs et tous les édifices environnant la Place seront contournés sur tous les cordons et corniches en lampions et tous les portiques en feux de couleurs. Il en sera de même des portes de Toul et des Volontaires (*Sainte-Catherine*), ainsi que de la maison du Gouvernement.

Il sera préparé une fête à la salle du spectacle et à ce sujet les ordres de Sa Majesté seront pris; au sortir du spectacle, un feu d'artifice sur le milieu de la Place précédera l'illumination générale.

A la nuit tombante, le son des cloches réitéré, les tambours et le bruit de la mousqueterie annonceront le moment de l'illumination. Après quoi une musique guerrière se fera entendre sur le grand balcon de l'hôtel de ville.

Les jeunes citoyens composant la garde d'honneur à cheval de Sa Majesté, MM. les officiers pensionnés et la garde nationale formeront l'escorte et accompagneront le maire et ses adjoints qui, aux termes du décret du 24 messidor an XII, se rendront, la musique à leur tête,

---

prévu; que partout enfin notre auguste monarque, qui trouve dans l'affection de ses peuples la plus douce récompense de ce qu'il a fait pour eux, en recueille la franche et touchante expression.

« Vous me rendrez en son temps compte des résultats de vos soins.

« Je dois vous observer que les mesures que cette lettre vous prescrit sont pour le cas où le passage de Sa Majesté ne serait pas officiellement annoncé. Dans le cas contraire, je vous en donnerais avis et il faudrait ajouter à ces mêmes mesures tout ce que prescrit le décret du 24 messidor an XII. — Marquis. »

au lieu indiqué par Sa Majesté pour lui présenter les clefs de la ville.

En ce qui concerne le surplus de l'escorte des autorités civiles et militaires, les ordres seront pris près de M. le général commandant la 4e division et près de M. le préfet du département.

Le maire s'occupa aussi d'organiser la garde d'honneur; il fallait retenir les jeunes gens qui, en 1805, avaient escorté l'impératrice Joséphine, en recruter d'autres. Le maire écrit à tous ceux à qui leur situation de fortune permet d'acheter un bel uniforme : il provoque des réunions; ces jeunes gens élisent M. de Vannoz, rentier, pour commandant (1). Mais Napoléon s'attarde à Munich où Joséphine l'a précédé depuis un bon mois et où est célébré le mariage de son beau-fils Eugène de Beauharnais avec la princesse Augusta, fille du roi de Bavière. Il n'est à Strasbourg que le 22 janvier (2); il en part le 24 dans l'après-midi avec l'Impératrice. Il s'arrête quelque temps à Phalsbourg où lui est présenté un groupe de trente dames dont les maris, les frères ou les enfants ont combattu à Austerlitz; il répond avec bonne grâce à la femme du général Picard qui a porté la parole en leur nom; il a aussi quelques paroles d'encouragement pour les élèves de l'école secondaire de la

(1) E.-L. Bucquoy, *op. cit.*, pp. 261-262.

(2) De très belles fêtes furent données à Strasbourg. Cf. *Napoléon en Alsace. Relation des fêtes données par la ville de Strasbourg à Leurs Majestés Impériales et Royales les 22 et 23 janvier 1806*. Strasbourg, Levrault, 1806, 18 pages in-folio et 4 planches.

ville (1). A Lunéville, bien que l'heure soit très avancée, l'enthousiasme est grand : une porte triomphale était élevée à l'entrée de la ville et on la laissa subsister pour le passage de la Grande Armée qui rentrait dans ses foyers. Sur la place des Carmes où l'on relaya, l'Empereur abaissa la glace de la voiture et se montra au peuple; puis en route pour Nancy. L'Empereur traversa notre ville le samedi entre 3 et 4 heures du matin! Tous les préparatifs qu'on avait faits étaient donc vains! On avait préparé une illumination de la Place Napoléon, où l'on espérait qu'aurait lieu le relais; mais voici qu'ordre est donné de faire ce relais hors de la porte de Toul, pour éviter des détours! Les voitures entrent au galop porte Saint-Nicolas et sortent porte de Toul (*porte Stanislas*) (2). Le peuple pousse des acclamations; l'Empereur se montre et salue; la garde d'honneur caracole autour de lui et « Sa Majesté daigne faire témoigner à ces jeunes gens sa satisfaction et sa bienveillance (3) ». A 9 heures du matin, le cortège est à Void;

---

(1) Des chevaux avaient été réquisitionnés dans toutes les communes du département pour les relais. Ainsi la commune de Chaligny dut fournir huit chevaux de trait avec leurs harnais à la poste de Velaine.

(2) Le budget pour 1807 porte : Pour le passage de S. M. l'Empereur et Roi, le 10 janvier 1806 — le 10 janvier était la date où l'on attendait primitivement l'Empereur — au sieur Krantz, pour frais d'illumination, 2.840f80; au sieur Ducret, charpentier, pour ouvrages faits par lui aux portes de la ville, sur les places et édifices publics, pour asseoir les illuminations, 712f95, et diverses autres dépenses. Le total monte à 4.244f95.

(3) Le 25 janvier même le préfet rendit compte de ce passage au ministre de l'Intérieur : « Monseigneur, j'ai l'honneur

à 2 heures à Bar-le-Duc, à minuit à Châlons. Les Nancéiens étaient désespérés et ils se consolèrent,

---

de vous rendre compte que Leurs Majestés Impériale et Royale ont passé ce matin à Nancy entre 3 et 4 heures en retournant à Paris. Elles étaient attendues ici hier vers 7 heures du soir, d'après les avis qu'on avait pu recevoir sur leur marche, et la ville, quoique sans espoir de les voir s'arrêter quelques instants, avait pourtant pris des dispositions propres à ajouter un certain éclat aux expressions d'amour et de respect que ses habitants brûlaient du désir de faire entendre à Leurs Majestés.

« De leur côté, les chefs des autorités s'étaient réunis à l'hôtel de la préfecture situé sur la Place où on comptait que les voitures relayeraient; ils se proposaient de faire parvenir à Leurs Majestés la demande d'être admis pendant ce court moment à leur présenter l'hommage de l'admiration et du dévouement dont ils sont pénétrés; mais ils ont appris qu'un courrier avait apporté l'ordre exprès de faire conduire les relais hors de la ville. Cette mesure les a convaincus que toute démarche pour parvenir jusqu'à Leurs Majestés serait indiscrète, et ils s'en sont abstenus par respect, mais avec les regrets les plus sensibles.

« Cependant, quelque sévère qu'ait été l'*incognito* observé par Leurs Majestés, elles n'ont pu se dérober entièrement aux hommages des citoyens de Nancy : un très grand nombre a rempli les rues pendant toute la nuit, malgré le mauvais temps, et on s'est précipité en foule vers la porte par laquelle les voitures sont sorties de la ville. Partout l'enthousiasme le plus grand et le plus unanime s'est manifesté par les acclamations non interrompues de : *Vive l'Empereur! Vive l'Impératrice!*

« S. M. l'Empereur a même, en sortant de la ville, daigné adresser quelque signe de bienveillance à la garde d'honneur à cheval, que des jeunes gens aisés avaient formée de leur propre mouvement; cette garde s'était portée au-devant de Leurs Majestés et briguait l'honneur de les escorter jusqu'au relais suivant; mais S. M. l'Empereur n'a pas voulu le permettre.

« Ces détails offriront à Votre Excellence une nouvelle preuve des sentiments qui animent les citoyens de la ville de Nancy et leurs magistrats pour nos augustes souverains, sentiments qu'il leur eût été bien doux de pouvoir faire éclater d'une manière plus complète. »

en applaudissant les jours suivants au théâtre une œuvre de circonstance, *La Paix en ménage*, comédie de l'acteur Maurin, avec toutes sortes d'allusions au traité de Presbourg (1).

Dans l'été de 1806 un grand nombre de personnages illustres de l'Allemagne, rois et grands-ducs par la grâce de Napoléon, vont faire leur cour à l'Empereur et passent à Nancy, soit à l'aller, soit au retour. On leur rend les honneurs qui doivent être rendus aux princes français en vertu du décret du 24 messidor an XII. Le 1er juillet, sur les 11 heures du soir, reviennent de Paris, après s'être arrêtées quelque temps à Bar, S. A. I. la princesse Stéphanie et S. A. Électorale de Bade. (La princesse Stéphanie de Beauharnais, nièce de Joséphine, adoptée par Napoléon, a épousé, le 8 avril précédent, le prince héréditaire Charles, petit-fils de l'électeur, bientôt grand-duc, Charles-Frédéric.) Nos voyageurs couchent à l'hôtel du *Petit-Paris*, et le lendemain toutes les autorités civiles, judiciaires et militaires leur viennent présenter leurs hommages. Il est encore de bonne heure; car les hôtes de Nancy partent à 10 heures du matin : le maire et les adjoints les saluent à la sortie de la ville.

Peu de temps après est arrivée à Nancy la princesse Paulette. Elle va faire à Plombières, où nous l'avons déjà vue en 1800, un long séjour. En 1802 elle a perdu à Saint-Domingue son premier mari, le

---

(1) Cette pièce fut aussi représentée à Metz. Voir le *Catalogue de la bibliothèque dramatique de M. de Soleinne*, n° 2984.

général Leclerc. Mais dès 1803 elle convola en nouvelles noces avec le prince Borghèse et bientôt mena une vie très libre sans la moindre contrainte. En 1806 Paulette devint Pauline et fut nommée grande-duchesse de Guastalla; mais elle se souciait fort peu de Guastalla dont elle ignorait la position géographique, et qu'elle laissa céder bientôt au royaume d'Italie contre une forte rente annuelle. L'affaire n'est pas tout à fait terminée lorsqu'elle part pour Plombières avec sa baignoire où, chaque jour, elle prend un bain de lait. Il faut qu'à toutes les étapes du voyage ce bain soit prêt. A Bar-le-Duc, où elle arrive le 13 juillet, son ex-beau-frère Leclerc, préfet du département, dépêche dans tous les villages voisins la garde nationale pour réquisitionner du lait, et, comme, après le bain, il faut la douche et qu'il n'y a pas de douche à Bar, elle fait percer le plafond de son appartement et de l'étage supérieur on lui verse des seaux d'eau (1). Elle semble avoir stupéfait les gens de Nancy comme ceux de Bar; on admire sa chaise à porteurs et sa litière, car elle ne veut pas mettre un pied devant l'autre. A Plombières, elle se fait porter à travers les rues de la petite ville et au sommet des montagnes voisines; elle reste toute la saison dans cette station thermale, s'y attarde même jusqu'en automne; car elle y a rencontré M. de Forbin, gentilhomme provençal de bonne manière, qui aura dans sa vie une grande place.

---

(1) Frédéric Masson, *Napoléon et sa famille*, t. III, p. 337 et suiv. Le *Narrateur de la Meuse* (18 juillet 1806) dit : « Sa santé est tellement altérée qu'elle a peine à supporter sa voiture. »

Au moment où la duchesse de Guastalla revenait de Plombières à Paris par Nancy, la guerre avait éclaté entre la France et la Prusse. L'Empereur court se mettre à la tête de ses armées; mais, cette fois-ci, il passe au nord de Nancy; il prend à la fin de septembre la route de Châlons à Verdun et gagne Mayence par Metz. Pendant la campagne contre l'Autriche, Joséphine s'était installée à Strasbourg; pendant la campagne de Prusse, elle s'établit à Mayence, dans l'ancien palais teutonique. Elle y passe tout l'hiver de 1806, y célèbre la nouvelle année de 1807. Son désir serait de rejoindre l'Empereur, d'être appelée par lui en Pologne; mais Napoléon qui se détache d'elle, qui a contracté à Varsovie sa liaison avec Walewska, ne se soucie pas de la revoir; il l'invite à retourner à Paris qui déjà dans l'hiver de 1805-1806 a manqué de fêtes; et Joséphine est obligée de rebrousser chemin, et voilà comment à nouveau, en janvier 1807, elle va repasser par Nancy.

VIII. Onzième passage de Joséphine (29 janvier 1807).

Le 26 janvier 1807, le préfet de la Meurthe écrivit au maire Lallemand, pour lui annoncer que le jeudi 29 l'Impératrice traversera, selon toute apparence, la ville de Nancy et pour l'inviter à prendre les dispositions nécessaires (1). Le mercredi 28 il alla au-devant

(1) Marquis avait été averti par une lettre du préfet du Bas-Rhin, Shée, en date du 23 janvier.

d'elle sur la frontière du département et lui rendit les honneurs prescrits. Sa Majesté arriva à Lunéville à 7h 30 du soir, descendit à l'hôtel de la sous-préfecture où avait été signé le traité de 1801. Elle se montra, malgré sa tristesse, peut-être à cause d'elle, toute gracieuse, fit remettre des secours à tous les solliciteurs, accueillit toutes les pétitions qu'on lui présentait. Elle arriva à Nancy le jeudi 29 d'assez bonne heure (1), fut complimentée par les autorités à la limite de la commune; des détachements de la garde nationale et de la garde départementale faisaient les honneurs (2). L'Impératrice donna aux conducteurs l'ordre d'aller au pas pendant le passage de la ville; elle s'arrêta un peu devant l'*Hôtel Impérial*, puis sortit par la porte de Toul. La femme du peintre Carbonet lui présenta un portrait de l'Empereur peint par son mari : l'Impératrice daigna l'accepter et prit le nom de l'artiste. Le cortège suivit la route habituelle : à 7h 30 du soir

---

(1) Déjà la population montrait un moindre empressement sur le passage des souverains. Le maire de Laneuveville, Oudinot, écrit au préfet, le 29 janvier, qu'un seul des conseillers municipaux s'est présenté pour aller avec lui au-devant de l'Impératrice.

(2) Dans le *Journal* si vivant d'un prisonnier de guerre à Nancy, le baron Ch. de Reitzenstein, nous lisons : « Le 29 janvier 1807, l'impératrice Joséphine passa ici, allant à Paris. Elle ne s'arrêta que fort peu de temps. Elle fut reçue par les autorités de la ville. Le prince Auguste avait été, lui aussi, invité à se présenter; mais il déclina, en alléguant qu'il n'avait pas d'uniforme et qu'il ne lui seyait pas de se présenter en civil. » Le prince Auguste, arrière-petit-fils, par sa mère, du grand électeur, avait été fait prisonnier à la bataille de Prenzlau, et l'on conçoit qu'il ait décliné l'invitation d'aller au-devant de Joséphine (*Le Pays lorrain*, 1910, p. 686).

on arriva à Bar-le-Duc. Sa Majesté descendit à l'hôtel du général Oudinot où elle retint à dîner le préfet de la Meuse et le maire de Bar. Elle quitta le lendemain 30 janvier pour coucher à Épernay.

Cependant, Napoléon a battu les Russes à Eylau et à Friedland; il a eu avec le tzar Alexandre la célèbre entrevue au milieu du Niémen et il a signé le traité de Tilsit; en grande hâte il revenait après ces succès à Paris. Mais pas plus qu'à l'aller il ne traversa le département de la Meurthe au retour. Le *Journal de la Meurthe* du 26 juillet 1807 porte : « Tous les habitants de ce département ont eu par des publications connaissance de la signature de la paix; ils se réjouissaient de pouvoir exprimer au pacificateur du continent leur amour et leur reconnaissance, lors de son passage annoncé pour ce jourd'hui; mais ils ont appris avec regret que Sa Majesté ne traverserait point ce département (1). » L'Empereur se rendait directement de Mayence à Metz et à Verdun. Il passa à Verdun le 26 juillet à 8 heures du matin (2), prit

(1) Le préfet Marquis avait fait prendre des dispositions pour le cas où l'Empereur traverserait son département. Il donna ses instructions aux sous-préfets par une lettre du 20 juillet 1807.

(2) Il s'était fondé à Verdun deux compagnies de garde d'honneur, l'une à pied, l'autre à cheval. Les fantassins portaient des écharpes blanches, les cavaliers des écharpes rouges, tous des uniformes bleus. Trois arcs de triomphe avaient été élevés près de l'hôtel de ville, à l'entrée de la rue Mazel et sur la Place d'Armes. A la sortie de l'hôtel, un groupe de demoiselles vêtues de blanc se présenta à l'Empereur : l'une offrit une couronne de lauriers, quatre autres une corbeille

quelques rafraîchissements à l'*Hôtel des Trois-Maures*, traversa Bar-le-Duc à midi et arriva à Saint-Cloud le 27, à 5 heures du matin.

Le traité de Tilsit eut pour conséquence la création du royaume de Westphalie et le mariage de Jérôme Bonaparte avec Catherine de Wurtemberg, fille du roi Frédéric Ier. Le 5 août 1807, le maréchal Bessières épousa par procuration la princesse au château de Stuttgart; elle passa, le 17 août, dans le département de la Meurthe, et les mêmes honneurs lui furent rendus qu'aux princes. Elle arriva à Nancy à 7 heures du soir avec une suite de huit voitures, descendit à l'*Hôtel Impérial* où toutes les autorités vinrent se faire présenter. Un prisonnier de guerre prussien à Nancy, le baron de Reitzenstein, fut quelque peu scandalisé que l'attitude de la foule ne fût pas assez respectueuse : « L'hôtel était illuminé, à vrai dire, assez pauvrement. Le peuple cria à plusieurs reprises : Vive la Princesse ! A la fenêtre où elle s'était montrée, pour bientôt disparaître, un chien ayant apparu à la même place, tout le monde de s'écrier : Vive le chien ! En cela les Français ne voyaient pas malice, ni la moindre irrévérence (1). » Catherine quitta Nancy le 18 à 6 heures du matin,

---

avec des dragées. Mlle Godart récita un compliment. L'Empereur parla aux autorités des moyens de ranimer le commerce de Verdun, d'un projet de rendre la Meuse navigable. L'Empereur était accompagné de son beau-frère Murat, prince de Berg. Le 27 juillet, passa à Verdun Jérôme Bonaparte qui descendit de même à l'hôtel des Trois-Maures (*Le Narrateur de la Meuse*, 2 août 1807).

(1) *Le Pays lorrain*, 1900, p. 740.

passa à Bar-le-Duc où elle dîna à l'*Hôtel du Cygne* et arriva à Paris le 21 au soir.

IX. Quatrième passage de Napoléon Ier (17 octobre 1808).

En 1808, les affaires d'Espagne attirent l'attention de l'Empereur. Il passe presque tout l'été, près de Bayonne, au château de Marrac qu'il vient d'acheter. Mais il doit se rendre en automne à Erfurt, pour y voir son allié le tzar Alexandre Ier. A l'aller, il ne touche point au département de la Meurthe. Il part le 23 septembre au matin de Châlons-sur-Marne, traverse Bar-le-Duc, arrive à 1h30 à Verdun et, pendant le relais, cause de façon aimable avec les autorités. « Cette affabilité précieuse a indemnisé M. le sous-préfet, M. le maire et ses adjoints, de quatre jours et quatre nuits passés en permanence pour attendre Sa Majesté. » A 8 heures du soir il est à Metz et couche au palais du Gouvernement. Au retour d'Erfurt, il prend une route différente et, cette fois-ci, il décide de traverser la Meurthe. Le préfet écrit au maire de Nancy le 14 octobre (1) pour annoncer ce passage; et le maire compte que cette fois l'Empereur voudra bien s'arrêter en sa bonne ville. Il fait meubler le grand salon de l'hôtel de ville où l'on espère faire monter Sa Majesté; il donne des ordres pour qu'on ne permette l'accès de ce salon qu'aux fonctionnaires revêtus de leur costume

(1) Le même jour, il écrit aux sous-préfets pour leur faire les recommandations habituelles.

ou autres personnes « d'une mise décente », munis d'une invitation spéciale; il interdit aux employés des bureaux le grand escalier, jusqu'à ce que l'Empereur ait passé. Tous ces préparatifs sont inutiles, quoique cette fois-ci l'Empereur traverse Nancy de jour. Il est arrivé à Phalsbourg de grand matin le lundi 17 octobre (1), a déjeuné à Sarrebourg, est passé à Lunéville. A 4 heures, son arrivée est annoncée à Nancy et les fonctionnaires réunis au salon carré se transportent au-devant de lui. En l'absence du maire, le premier adjoint Mandel lui offre « les vœux et les hommages de sa bonne ville de Nancy et deux projets d'utilité publique à y faire exécuter (2) ». La foule crie : *Vive l'Empereur !* La garde d'honneur, qui s'est organisée définitivement après le passage de 1806, qui comprend maintenant 44 jeunes gens, 1 commandant, 1 lieutenant et 1 adjudant, accourt; mais l'Empereur ne s'arrête pas (3) : il autorise seulement la garde d'honneur à l'accompagner jusqu'au relais de Velaine. Là, pendant qu'on change de chevaux, Napoléon s'entretient avec le commandant, M. de Vannoz. Pendant son passage dans la ville, l'Empereur a reçu une

(1) Schuermans est ici inexact. Le passage de Napoléon à Phalsbourg et du 17, non du 16.

(2) Ces deux projets sont : le percement d'une rue qui devait rejoindre la rue Lafayette à la rue Saint-Dizier (la *rue d'Amerval*); l'élargissement de la rue du Point-du-Jour, et l'alignement des façades de la Place Saint-Èvre.

(3) Les dépenses faites pour cette réception de l'Empereur (sonnerie dans les paroisses, répétitions de la compagnie de musique, location de meubles, fournitures de lampions, etc.) s'élèvent à 944f 60, qui furent payés par la caisse du receveur municipal.

série de pétitions; il a accepté entre autres celle que lui présentait une petite fillette d'une douzaine d'années (1). L'Empereur arrive à Void dans la Meuse à 8 heures du soir et à minuit il descend à Bar-le-Duc à l'hôtel du général-comte Oudinot. Il y dîne avec la comtesse Oudinot et le prince de Neuchâtel (Berthier), donne audience pendant le repas au préfet, reçoit diverses suppliques et repart après s'être arrêté une heure et quart. Le *Narrateur de la Meuse* put écrire : « Comme les corps célestes, Napoléon le Grand a beaucoup d'éclat et ne prend point de repos. »

L'Empereur avait été vu, cette fois-ci, des Nancéiens; les badauds purent contempler, les jours suivants, les personnes de sa suite et les acteurs du Théâtre Français qui revenaient d'Erfurt.

---

(1) Le 19 octobre 1808 le préfet rendit compte au ministre de l'Intérieur du passage de l'Empereur en ces termes : « Monseigneur, j'ai l'honneur de vous informer que toutes les communes de ce département situées sur la route que Sa Majesté vient de parcourir, pour retourner dans sa capitale, se sont empressées à l'envi de faire éclater sur son passage l'amour dont tous leurs habitants sont pénétrés pour sa personne et la joie que leur inspirait son auguste présence.

« Si le peu d'intervalle qui a eu lieu entre le passage de Sa Majesté et l'annonce qui s'en était répandue n'a pour ainsi dire permis aucun préparatif, Elle a pu du moins recueillir les nouvelles expressions de la fidélité et du dévouement de ses sujets du département de la Meurthe, et l'hommage auquel Elle est sans doute le plus sensible, celui de leurs cœurs.

« J'aurais été, Monseigneur, jaloux de pouvoir rendre particulièrement mes devoirs respectueux à Sa Majesté et je m'étais empressé de me transporter sur la limite du département pour l'y recevoir; mais la rapidité avec laquelle Elle a traversé la ville de Phalsbourg ne m'a pas permis cet honneur et je n'ai pu, pour la même raison, l'atteindre sur aucun autre point de la route avant la sortie du département. »

X. Cinquième passage de l'Empereur. Douzième passage de Joséphine (14 avril 1809).

L'Autriche a repris les armes contre la France, et, de l'Espagne, Napoléon accourt pour se mettre à la tête de l'armée d'Allemagne. A Nancy passent sans cesse des troupes et des convois, ces mêmes troupes qu'on a fêtées deux années auparavant après Tilsit et qui retournent, augmentées des recrues. L'Empereur lui-même quitte Paris avec l'Impératrice le 13 avril 1809 (1), à 4h 30 du matin; le 14, à 3h 30 du matin, ils sont à Bar-le-Duc. Le grand maréchal Duroc, duc de Frioul, les accompagne. Ils passent à Saudrupt, Ligny, Saint-Aubin, Void : le temps est tout à fait affreux, le froid vif. A midi, on arrive à Nancy; on s'arrête à l'*Hôtel Impérial*. L'Empereur veut garder l'*incognito* le plus strict et les honneurs ne sont pas rendus. Mais la population a appris la nouvelle; elle se porte au-devant du cortège. Le préfet Riouffe, qui a succédé à Marquis, l'adjoint au maire Mandel sont admis auprès de l'Empereur et obtiennent un court entretien. La garde d'honneur fait le service. Depuis plusieurs jours, elle s'était portée sur la route de Toul et en vedette attendait le passage de l'Empereur. Quelques-uns de ces jeunes gens expriment le désir de prendre du service dans l'ar-

(1) Dès le 16 mars 1809, le préfet Riouffe avait écrit aux sous-préfets, pour les inviter à prendre les mesures nécessaires au cas où l'Empereur traverserait le département.

mée, et nulle offre ne pouvait faire davantage plaisir à l'Empereur. Un acte de clémence marqua ce passage : une mère se jeta aux pieds de l'Empereur et demanda grâce pour son fils : ce qui lui fut accordé. Mais il faut repartir sans tarder; on traverse les Vosges pendant la nuit pour arriver à Strasbourg à 4 heures du matin. Et l'Empereur, qui a passé deux nuits dans sa voiture, visite à 7 heures l'Arsenal, passe une revue et à 11 heures se remet en route! Encore cette fois-ci Joséphine va demeurer à Strasbourg, pendant que son mari est à la tête des armées. Elle y est rejointe par sa fille Hortense, en pleine dispute avec son mari le roi de Hollande Louis. Hortense et sa suite traversent Nancy le 24 avril 1809; la garde d'honneur l'accompagne depuis son entrée sur le territoire de cette ville jusqu'à la première poste. Le *Journal de la Meurthe* promettait de donner des détails sur ce passage; mais il les oublia : c'est qu'était arrivée dans l'intervalle la nouvelle de la bataille d'Eckmühl (22 avril).

XI. Treizième passage de Joséphine (16 août 1809).

Joséphine ne devait pas rester à Strasbourg pendant toute la durée de la campagne d'Autriche. Elle a besoin de repos, de repos moral plus encore que de repos physique. Depuis 1806, l'Empereur, convaincu par une expérience qu'il pouvait être père, était résolu au divorce, pour contracter un nouveau mariage et fonder une dynastie. Il a parlé de son intention à ses frères; il ne l'a pas dissimulée à son beau-fils Eugène Beauharnais; il s'en est ouvert à Joséphine elle-même et lui a demandé de se sacrifier dans l'intérêt supérieur de son mari. Le public devine la situation, et de plus en plus l'Impératrice devient l'abandonnée. Quand l'été fut venu, elle résolut d'aller cacher sa tristesse à Plombières, déjà visitée par elle à trois reprises. A la date du mercredi 7 juin 1809, le *Journal de la Meurthe* porte : « On écrit de Strasbourg du 6 juin : S. M. la reine de Hollande (*Hortense*) est partie aujourd'hui pour Plombières, dont les eaux lui ont été ordonnées après celles de Bade. S. M. la reine de Westphalie (*Caroline de Wurtemberg*) la suivra après-demain, et l'on nous fait craindre aussi le départ de l'Impératrice-Reine pour Plombières, vers le commencement de la semaine prochaine. » Hortense franchit les Vosges sans doute par le col de Bussang ou par le col de Saales, accompagnée par son beau-frère Murat, grand-duc de Berg, passe à Remiremont où l'attendent le préfet des Vosges, le général Jacopin, commandant le département, le sous-préfet, un détachement de gendarmerie. Elle reçoit les fonctionnaires « avec tant de grâce et de bonté que l'on croit entendre son auguste mère ». Joséphine passe à Remiremont le lundi 12 juin; la reine de Westphalie, le samedi suivant; mais on ne trouve plus rien sur elle dans le *Journal de la Meurthe* qui paraît avoir reçu l'ordre de garder le silence. Joséphine reste à Plombières plus de deux mois. Nous croyons bien qu'une seule mention du *Journal* rappelle ce séjour. Du 16 juillet : « Avant-hier (14) est arrivée, et hier (15) est repartie pour Plombières S. A. I. la princesse Stéphanie, duchesse de Bade. » A Plombières, Joséphine reçoit de Napoléon des billets très courts; mais du moins ces billets sont des bulletins de victoire. Schœnbrunn, le 16 juin : « Je t'expédie un page pour t'annoncer que, le 14, anniversaire de Marengo, Eugène a gagné une bataille contre l'archiduc Jean et l'archiduc palatin, à Raab, en Hongrie, qu'il leur a pris 3.000 hommes, plusieurs pièces de canon, 4 drapeaux. » Ebersdorf, 7 juillet : « Je t'expédie un page pour te donner la bonne nouvelle de la victoire d'Enzersdorf (1) que j'ai remportée le 5 et de celle de Wagram que j'ai remportée le 6... Nous avons plus de 100 pièces de canon, 12 drapeaux, beaucoup de prisonniers. Je suis brûlé par le soleil. » Et le 13 juillet, au camp devant Znaïm, il lui annonce qu'une suspension d'armes vient d'être signée, l'invitant à faire publier à Nancy le texte de cet acte. Il n'oublie pas de faire saluer Hortense et les Napoléon, fils de la reine de Hollande (2); mais combien ses billets avec leur « Tout à toi » sont froids, en comparaison de ceux que Joséphine recevait autrefois au même endroit ! Cependant, l'Impératrice mène encore grand train; elle a avec elle son chevalier

(1) Le texte imprimé porte à tort ici Ebersdorf.

(2) *Lettres de l'empereur Napoléon à l'impératrice Joséphine*, t. II, p. 70-85. Haumonté et Parisot, p. 231, prétendent qu'en 1809 se trouvaient à Plombières avec Joséphine et Hortense la reine d'Espagne, les princes Louis et Jérôme Bonaparte, la reine de Naples Caroline, la princesse Borghèse (Paulette). Nous n'avons trouvé aucune preuve de la présence de ces personnages.

d'honneur, le général Ordener; un chambellan, M. de Beaumont; un écuyer, M. de Monaco. La dame d'honneur est là avec deux dames de palais et le secrétaire des commandements. Elle se montre généreuse, distribuant diamants et tabatières aux fonctionnaires, aux pages qui viennent lui annoncer les victoires de son mari. Dans ses promenades, elle fait l'aumône largement, cause avec familiarité avec les gens du pays qu'elle commence à connaître. Mais il semble bien qu'il n'y a plus de distractions, de concerts, de spectacles; l'Impératrice vit retirée avec Hortense et Stéphanie depuis l'arrivée de cette dernière; elle gâte les enfants d'Hortense : Napoléon-Louis Bonaparte, né le 11 octobre 1804 et qui périra en 1831 dans l'insurrection des Romagnes; Charles-Louis-Napoléon, né le 20 avril 1808 et qui sera Napoléon III; elle a fait venir pour eux de superbes jouets de Strasbourg. (En souvenir de sa mère, Napoléon III reste attaché à ce séjour, y viendra à plusieurs reprises pendant son règne, y fera construire les grands thermes, et Plombières verra l'entrevue, dans le salon où se trouve aujourd'hui la poste, de l'Empereur des Français et de Cavour, les 20 et 21 juillet 1858, c'est-à-dire l'origine d'un des plus grands événements des temps modernes.) Joséphine, pendant ce dernier séjour, reçoit M. Molé, de passage; M. de Boufflers, le célèbre chevalier qui, en sa jeunesse, a fait la joie de la cour de Stanislas et qui raconte les petits contes graveleux d'autrefois, sans réussir à faire rire (1) ! Quand le

(1) Frédéric Masson. *Joséphine impératrice et reine,* p. 414-417.

mois d'août s'avance, elle songe au retour de Paris et, maintenant son chemin, passe à Nancy. Sans doute on lui rend les mêmes honneurs que précédemment; mais l'enthousiasme paraît diminuer. *Journal de la Meurthe* du 15 août 1809 : « Hier (14), on a vu passer les équipages de service de S. M. l'Impératrice et Reine qui doit traverser cette ville demain en son retour à Paris. » Du 18 août : « Avant-hier (16 août), lendemain de la fête impériale, à 10 heures du matin, S. M. l'Impératrice et Reine a traversé cette ville, se rendant de Plombières à Paris; les autorités constituées étaient réunies à la poste aux chevaux (*elle se trouvait à l'extrémité Est de l'hôtel de ville*); elles eurent l'honneur de présenter à Sa Majesté les hommages de l'admiration et de la reconnaissance de cette cité; Sa Majesté daigna les accueillir et honorer de son salut la foule qui s'était portée sur son passage; la gendarmerie et la garde d'honneur étaient allées à sa rencontre au delà des limites du territoire de Nancy; la garde d'honneur accompagna Sa Majesté jusqu'à Toul et y fit le service de l'hôtel; Sa Majesté daigna inviter le commandant de cette garde d'honneur (*M. de Vannoz*) à dîner avec elle, et, pendant le repas, elle lui fit compliment du nombre et de la bonne tenue de cette garde. Les vœux les plus ardents des Nancéiens se sont exprimés avec l'enthousiasme que la présence auguste de Sa Majesté inspire. » Joséphine passa à Void entre 3 et 4 heures, puis à Saint-Aubin, où avait lieu la noce de la fille de la maîtresse de poste : l'Impératrice signa au contrat de mariage qu'on lui apporta. A 7 heures, elle était à Bar-le-Duc et ici il lui fut fait une réception solennelle : vingt et un coups de canon annoncèrent son arrivée. Elle accepta l'hospitalité de la maréchale Oudinot, invita à dîner le préfet, le sénateur Jacqueminot et le maire. Le lendemain à 6 heures, elle se mettait de nouveau en route; voyagea toute la nuit pour être le 18 à la Malmaison. Hortense resta plus longtemps à Plombières, jusqu'à la mi-septembre, trois mois et demi (1). Était-elle retenue par quelque intrigue, et M. de Flahaut se trouvait-il dès cette époque dans la petite station vosgienne?

XII. Sixième passage de l'Empereur (25 octobre 1809).

Cependant l'Empereur, victorieux à Wagram, s'attardait à Schœnbrunn. Il attendait la signature de la paix avec l'Autriche, qui n'eut lieu que le 14 octobre 1809. Il se mit aussitôt en route et, comme pour réparer le temps perdu, il voyagea jour et nuit. Le 24 de grand matin, on signale son passage à Carlsruhe, puis à Rastatt; à 10 heures il est à Strasbourg, où il reste jusqu'à midi. Il voyage *incognito ;* le préfet Riouffe ne doit point se rendre à la limite du département; mais la garde d'honneur à Nancy veille; elle est postée à trois lieues de la ville pour attendre Napoléon. A 7 heures du soir, il est à Sarrebourg où il dîne à l'auberge de la *Croix-d'Or*. Or, sur ce passage

(1) *Journal de la Meurthe,* mercredi 13 septembre : Depuis avant-hier ont traversé la ville de Nancy... les équipages de S. M. la reine de Hollande, se rendant à Paris.

à Sarrebourg, nous avons trouvé aux archives de la Meurthe un document des plus curieux, contrastant avec tous les documents officiels que nous avons dû parcourir; il nous montre un Napoléon très vivant, s'occupant avec un soin infatigable de l'organisation de son Empire, s'informant de tout le détail de l'administration, de la valeur du personnel, étonnant les fonctionnaires locaux par ses connaissances sur leur circonscription, leur en remontrant presque; il parle de la région de Sarrebourg avec une lucidité admirable et cela au cours d'un repas pris à la hâte, après avoir passé plusieurs nuits en chaise de poste, après être venu presque d'une traite de Schœnbrunn.

Celui à qui nous devons ce document est le sous-préfet de l'arrondissement de Sarrebourg, Charles-Rosalie-Marie Lepère. Le jeune Bonaparte, qui fut à l'École militaire de Brienne de sa dixième à sa quinzième année, de 1779 à 1784, y eut pour camarades quatre frères Lepère. L'aîné, Jacques-Marie Lepère, né à Paris le 25 avril 1763, devint, à la sortie de Brienne, élève de l'École des Ponts et Chaussées, fut ingénieur en chef des nouveaux départements de la Belgique en 1797, suivit Bonaparte en Égypte en 1798, fut chargé, au retour, des travaux des trois camps de Boulogne, d'Étaples et d'Ambleteuse, puis, de 1804 à 1830, occupa les fonctions d'inspecteur divisionnaire des Ponts et Chaussées à Paris : il mourut à l'âge de soixante-dix-huit ans, près de Gisors, le 15 juin 1841. Le second, Gratien, né à Versailles le 2 juin 1769, suivit la même carrière, accompagna Bonaparte en Égypte, fut attaché, après l'expédition, aux travaux du port de Cherbourg, devint ingénieur en chef au port de la Spezzia, puis ingénieur des départements de la Dordogne et de la Vienne; il mourut le 1er août 1826. Le troisième, Hyacinthe, commissaire des guerres, demeura en Égypte jusqu'à l'évacuation (1). Le quatrième est notre sous-préfet. Il se lia avec la famille de Beauvau, fut chargé par elle d'administrer ses vastes domaines forestiers des environs de Cirey et dans la vallée de la Sarre Blanche. Nous le trouvons, en l'an III, après le 9 thermidor, membre du district de Sarrebourg. Quand, sous le régime du Directoire, les districts sont supprimés, il est commissaire du Directoire exécutif près l'administration du canton de Lorquin. En 1800, il est nommé à Sarrebourg lorsque sont créées les sous-préfectures. Il s'était marié au pays avec une nièce de Regnier, le futur duc de Massa, avait acheté, à Nitting, une propriété. Il s'intéressa vivement à cette région, sut défendre les habitants de l'ancien comté, voisin de Linange, qui luttaient pour la conservation de leurs droits forestiers. Il montra dans son administration beaucoup de zèle et de bonté et sera présenté, le 24 janvier 1811, par les membres du collège électoral de l'arrondissement, comme candidat au Corps législatif (2). Na-

---

(1) Arthur CHUQUET, *La Jeunesse de Napoléon. Brienne*, p. 390, note XLVIII.

(2) Lepère ne demeura pas fidèle à Napoléon Ier; il se laissa nommer sous-préfet provisoire de Lunéville par Louis XVIII, le 30 juillet 1814. Lors de la seconde Restauration, Louis XVIII appela à la sous-préfecture de Sarrebourg, le 2 août 1815, M. de Montozon, sous-préfet d'Amiens.

poléon, à son passage à Sarrebourg, entendit prononcer le nom de son ancien camarade, le fit venir à l'hôtel de la *Croix-d'Or* et eut avec lui une conversation assez longue (1). Cette conversation inquiéta le préfet Riouffe, qui avait succédé le 29 octobre 1808 à Marquis, devenu presque aveugle. Riouffe avait sans doute appris qu'il avait été question de lui au cours de l'entretien, et il était inquiet : un sous-préfet ne doit-il pas dire un peu de mal de son préfet? Riouffe demanda des explications à Lepère, qui répondit par la lettre suivante :

Sarrebourg, le 10 novembre 1809.

Monsieur le Préfet,

Le lieutenant de la gendarmerie vient de me dire que vous me saviez mauvais gré de ce que je n'avais pas eu l'attention de vous rendre compte de ce que j'avais répondu à Sa Majesté lors de son passage par cette ville le 24 octobre dernier. Si vous n'admettez pas comme raison valable qu'ayant eu le désir d'aller à Nancy, j'ai été retenu par la crainte que quelques ordres raisonnablement probables ne me fissent regretter mon absence, je passe condamnation et j'avoue ma faute.

Voici en résumé ce qui s'est passé : S. M. l'Empereur est descendu vers 7 heures du soir à l'auberge de la *Croix-d'Or* et s'est mis à table dans la chambre une fois occupée par vous (2). Sur-le-champ il a fait appeler le maire (3); après avoir ouï ce magistrat, on est venu me demander.

(1) Il est possible qu'il se soit déjà entretenu avec lui à son passage du 16 octobre 1808 (cf. *supra*, p. 61), mais aucune preuve n'en est restée.

(2) Riouffe était venu à Sarrebourg au début de 1809.

(3) Le maire est C.-J. Parmentier, qui deviendra plus tard baron de l'Empire.

Sa Majesté était à table et avait pour seule personne dans la chambre et à sa table M. le maréchal Duroc (MM. les maréchaux et grands-officiers mangeaient dans la chambre voisine). Admis, après moins d'une minute d'attente, S. M. l'Empereur a daigné me demander des nouvelles de mes frères, particulièrement de celles de mon aîné (1), du lieu où ils étaient, et particulièrement de celui qu'il sait être inspecteur des Ponts et Chaussées (2). De là il est venu à moi et m'a demandé en quoi consistait ma famille (3), ce que j'avais fait avant d'être sous-préfet, si j'étais heureux et si j'avais de la fortune. A la première question, j'ai dit le *oui* de celui qui désire quelque chose de mieux (4) et à la seconde, sans croire avoir bien répondu, j'ai dit que j'étais peu aisé (5).

Une personne de sa suite étant venue prendre les ordres de Sa Majesté, elle a subitement tourné les questions vers l'administration. Combien de population dans l'arrondissement? combien de chevaux? combien de charrues? et combien de terrains occupés par les chemins? combien d'hectares de bois impériaux et combien de particuliers? Cela a demandé quelques développements et j'ai, autant que possible, frappé sur la cherté excessive. Sa Majesté s'est étonnée que le prix des ventes (6) de cette année

---

(1) Jacques-Marie Lepère (Voir dans le texte).

(2) Il s'agit ici encore de l'aîné.

(3) Le sous-préfet avait un fils et deux filles.

(4) Quoiqu'il eût fait entendre qu'il désirait de l'avancement, Lepère est resté attaché à l'arrondissement de Sarrebourg jusqu'à la chute de l'Empire.

(5) Dans les notes données sur lui par le préfet, son revenu est estimé 3.000 francs. On le juge « très honnête, très attaché à ses devoirs et à la personne de Sa Majesté; mérite beaucoup d'éloges pour son zèle, son aptitude et son intelligence. »

(6) Il s'agit des ventes de bois. Les forêts, particulièrement celles de Dabo, rattachées à l'arrondissement de Sarrebourg, alors que celles d'Engenthal furent données au Bas-Rhin, constituaient la principale richesse du pays.

ait atteint 600.000 francs. J'ai ajouté que le combustible augmentait dans une progression effrayante. Je me suis permis plusieurs réflexions que Sa Majesté, malgré la rapide succession de ses questions, a bien voulu entendre.

L'Empereur a demandé quels hommes sont les juges. Je devais à la vérité de dire qu'ils sont d'honnêtes gens. Mêmes questions sur les prêtres, sur les fonctionnaires, sur la gendarmerie, sur l'esprit public, etc.

Sa Majesté a demandé le nom de M. le préfet et j'ai prononcé le vôtre. Elle s'est rappelée que vous étiez récemment dans ce département (1). J'ai prononcé deux ou trois phrases que je ne dois pas répéter. Elle m'a demandé si vous aviez fait une tournée. Je n'ai pas ménagé la vérité (2), en assurant que vous étiez venu dans le pays, et, sans dire l'époque et le pourquoi, j'ai laissé

---

(1) Il avait été nommé le 29 octobre 1808. Honoré-Jean Riouffe était né à Rouen le 1er avril 1764; il se déclara sous la Révolution pour les Girondins et fut détenu sous la Terreur jusqu'au 9 thermidor; il se montra partisan de Bonaparte et fut nommé membre du tribunat le 4 nivôse an VIII (25 décembre 1799). Le 19 pluviôse an XII (9 février 1804), il fut appelé à la préfecture de la Côte-d'Or, à laquelle il renonça bientôt. Il refusa en 1807 la préfecture de la Vienne pour raison de santé, mais accepta celle de la Meurthe en 1808. Il prit possession de son poste le 22 novembre. « Toutes les autorités constituées et le clergé se sont empressés d'aller lui offrir leurs hommages; la garde d'honneur et nombre de citoyens ont suivi cet exemple... Dans les réponses qu'il a faites aux discours qui lui ont été adressés, il a exprimé dans les termes les plus flatteurs sa satisfaction et sa sensibilité pour les témoignages d'estime et de reconnaissance donnés à son prédécesseur à qui sa mauvaise santé a fait donner la retraite : il a assuré qu'il était doux d'être appelé à régir des administrés dont il remarquait avec plaisir la loyauté. » Riouffe devait être victime du devoir professionnel. Il mourut à Nancy, le 30 novembre 1813 du typhus, que les soldats avaient propagé dans les hôpitaux encombrés.

(2) Lepère veut dire : Je n'ai pas dit de mensonge. Le préfet était évidemment en faute.

croire ou j'ai voulu persuader que votre tournée annuelle était faite.

Après avoir parlé rivière, flottage, commerce, Sa Majesté s'est informée des manufactures, notamment de celles de Saint-Quirin (1), et s'est très bien souvenue du bail de l'an VIII. Il a fallu citer les noms des propriétaires. J'ai parlé de M. Rœderer; mais je n'ai pas répondu sur la question des bénéfices présumés. J'ai esquivé la réplique; car il m'a paru mieux valoir dire peu que dire mal.

Ensuite sont venues les salines. L'Empereur a demandé si le canal était en activité (2). Pour ne pas être prompte-

(1) C'était une verrerie se trouvant à Lettenbach sur le territoire de Saint-Quirin. Avant la Révolution, elle appartenait à l'abbaye de Marmoutier en Alsace et était exploitée par elle en régie. A la Révolution, l'État se substitua à l'abbaye de Marmoutier et passa bail pour l'exploitation; un incendie ayant détruit les bâtiments le 10 germinal an VIII, un nouveau bail fut fait et c'est à cet acte que Napoléon fait allusion. Au cours du dix-huitième siècle, partie de la verrerie était tombée entre les mains de particuliers et une compagnie Ména l'exploitait de compte à demi avec les propriétaires. Parmi ceux-ci était M. Rœderer. Les manufactures fabriquaient de belles glaces. En 1839, toute la verrerie fut acquise avec les bois environnants par la famille Chevandier et vint ensuite en possession de la compagnie des manufactures des glaces de Saint-Quirin, Cirey et Montherme. L'exploitation cessa après 1888 et les bâtiments servent aujourd'hui de *sanatorium* aux soldats convalescents du 16e corps d'armée allemand. Cf. Marquis, *Statistique de la Meurthe*, p. 197.

(2) Le canal des salines devait servir à une meilleure exploitation de la saline de Dieuze. Il fut commencé en 1809 et l'on y travailla jusqu'en 1814. Il suivait le cours du Werbach et fut mené jusqu'à Loudrefing, au canton d'Albestroff. Il devait être conduit jusqu'à la Sarre; mais les travaux en restèrent là et furent en partie comblés. Quand fut entrepris en 1865 le canal de la Sarre, on eut l'idée de creuser un canal entre Mittersheim et Loudrefing et ce projet fut exécuté en 1875; mais on renonça à creuser à nouveau la partie déjà faite sous Napoléon, de Loudrefing à Dieuze.

ment au bout de mon savoir, je me suis retranché sur l'éloignement de ce canal; cependant, j'ai observé que les bras des prisonniers autrichiens auraient pu être utilisés.

Revenu sur les bois, j'ai encore eu d'autres réponses à faire à l'Empereur.

J'ai été interrogé sur le départ de la garde nationale (1); j'ai répondu à l'avantage du département.

Le chapitre des récoltes m'a mis dans le cas de faire plusieurs observations. J'en ai dit ce que j'ai eu l'honneur de vous écrire (2), en ajoutant que la rentrée avait été lente et pénible, attendu la rareté toujours croissante des bras et le prix de la main-d'œuvre, qui n'est plus en proportion avec celui des blés. J'ai fini par dire que je m'étais prêté aux placements des prisonniers autrichiens chez les cultivateurs, et Sa Majesté a dit que j'avais bien fait.

La conscription a été ensuite abordée, et c'est l'article qui a été le plus longuement traité. J'en ai parlé avec vérité (3) et, à ça près de dire bien comme vous, j'en ai parlé comme vous. J'ai loué la docilité des habitants de ce département.

Questionné sur l'opération de la dernière levée supplémentaire, Sa Majesté a voulu savoir si le contingent était parti. J'ai dit *oui;* mais, en plus, j'ai dit que vous n'aviez

---

(1) La garde nationale sous l'Empire n'avait plus qu'un rôle de parade; ses détachements servaient d'escorte aux souverains de passage ou aux autorités locales. Mais en 1809 les gardes nationales des départements du Nord — y compris celles de la Meurthe — furent invitées à marcher contre les Anglais qui étaient descendus à Walcheren : elles furent licenciées vers le mois de mars 1810. Cf. L. Lévy-Schneider, *Napoléon et la Garde nationale,* dans la *Révolution française,* t. LVI (1909), p. 38.

(2) Dans le rapport du sous-préfet au préfet.

(3) Il semble bien que Lepère ait tenté de montrer combien ces conscriptions étaient impopulaires.

pas permis que l'on s'arrêtât avant le départ total des hommes appelés.

Interrogé pour savoir si ce travail avait rencontré quelques difficultés, j'ai dit que *non;* mais que j'osais croire que, si au lieu d'inquiéter beaucoup de pères de famille, on eût, à côté des hommes mariés, dispensé encore ceux qui avaient des intentions certaines de mariage et surtout les hommes qui avaient fourni des remplaçants (1), l'opération aurait rencontré moins d'*obstacles d'opinion* (2). J'ai terminé par dire que, si sur les cinq classes on eût appelé les hommes réformés pour cause de taille et qui l'ont acquise depuis et — à raison de leur âge, bien inférieure à vingt ans, au moment de la conscription — je croyais que l'on aurait fait une belle armée; Sa Majesté s'est tournée avec vivacité vers M. le maréchal Duroc et a dit que telle avait été son opinion.

L'Empereur a demandé si les réquisitions se payaient exactement; j'ai dû lui répondre qu'il y avait commencement; mais que cela se faisait goutte à goutte. Il a encore parlé des voitures fournies pour le transport de sa Garde. J'ai assuré que ce service était totalement terminé et n'avait pas peu aidé au paiement des contributions (3), tant l'argent était rare et l'écoulement des blés nul!

Enfin Sa Majesté a voulu savoir si la mendicité était réprimée et si le dépôt était rétabli. J'ai répondu que vous étiez en mesure, à quoi Sa Majesté a répliqué qu'il espérait qu'avant dix ans la mendicité serait éteinte dans ses États.

Jusqu'au moment où l'on est venu prévenir que les chevaux étaient mis, je m'étais trouvé à la distance d'un mètre au plus de Sa Majesté. S'étant levée, j'ai été plus d'une minute assez près d'elle pour lui parler bas. Je lui ai remis la pétition d'un fonctionnaire père de famille

---

(1) Ici on trouve répété à tort dans le texte : *j'ai dit que...*

(2) Le mot est souligné dans le texte.

(3) Les réquisitions remplaçaient les contributions.

malheureux, celle de la veuve d'un de ses officiers et, ne devant penser à moi qu'après ceux qui ont plus de titres à sa clémence, j'ai terminé par remettre la pièce que vous avez bien voulu apostiller (1).

Voilà en résumé ce qui s'est passé pendant la très grande demi-heure que j'ai pu fixer respectueusement l'homme qui fait d'aussi grandes choses.

Je suis avec respect, etc...

LEPÈRE.

P.-S. — J'oubliais de dire que Sa Majesté a voulu savoir dans quel état était l'instruction primaire. J'ai dû répondre qu'elle se trouvait dans le plus triste état, attendu le défaut des maîtres d'école et la capacité (2) de ces maîtres. Questionné sur le pourquoi, j'ai répondu que la loi du 11 floréal (3) était insuffisante et que là où

---

(1) Sans doute une demande d'avancement. Lepère était quémandeur. Le 28 août 1810, il écrit au préfet Riouffe, en envoyant ses notes sur les membres du collège électoral du département : « Je suis âgé de quarante-quatre ans. J'exerce mes fonctions de sous-préfet depuis l'an VIII. Quelques lettres de vous et de M. votre prédécesseur me permettent de conserver la pensée satisfaisante que j'ai rempli mon devoir et que, dans plusieurs occasions, j'ai servi la chose publique... Ma fortune délabrée de beaucoup n'est plus que de 60.000 francs. Si ma demande vous parait sensée, veuillez me donner une place sur votre état. Pensez, je vous en supplie, que j'ai trois enfants, que je ne suis pas heureux, et qu'au lieu d'avoir amélioré ma fortune depuis l'an VIII, j'ai vendu pour plus de 30.000 francs. »

(2) L'insuffisance.

(3) Loi du 11 floréal an X (1er mai 1802). Cette loi déterminait qu'il y aurait des écoles primaires dans les communes; qu'une école primaire pouvait appartenir à plusieurs communes; que les instituteurs seraient choisis par les maires et conseils municipaux; que leur traitement se composerait du logement fourni par les communes et d'une rétribution donnée par les parents et dont le montant serait déterminé par les conseils municipaux. Mais quand à ce casuel les communes n'ajoutaient aucune rétribution, le sort des instituteurs était bien à plaindre.

il n'y avait pas de revenus communaux, le sort des instituteurs était nul ou par trop insuffisant.

Après cet arrêt d'une demi-heure à Sarrebourg, Napoléon se remit en route au galop de ses chevaux; il passa à Nancy le 25 octobre à 3 heures du matin, mais sans s'arrêter. Les deux régiments des conscrits de la garde se trouvaient alors logés à Nancy : avec le dépôt du 4e de ligne, ils étaient sous les armes. Napoléon demanda à l'officier de gendarmerie quelles étaient ces troupes et témoigna sa satisfaction de leur tenue. Peu après le départ de l'Empereur, au moment où le jour se levait, on vit passer à Nancy les généraux Savary, Rapp, Mouton, Lebrun, Durosnel, Nansouty, le préfet du palais impérial, les chambellans. Cependant Napoléon continuait sa route. A 6h 45 il était à Void, accueillant une pétition que lui présentait une demoiselle; à Ligny, il reçut les hommages de la municipalité; à 10 heures il descend à Bar à l'hôtel du maréchal Oudinot, dont la duchesse de Reggio lui fait les honneurs. A la sortie de la ville, il reçoit un certain nombre de placets, tandis que les canons tonnent, que les cloches sonnent à toute volée. Il dîne à Épernay, voyage toute la nuit et le 26 octobre, à 9 heures du matin, il rentre à Fontainebleau.

Ce fut le dernier passage de Napoléon à Nancy. Jamais il n'y a été reçu officiellement; à six reprises seulement il a franchi rapidement les rues de la cité qui formaient la grande route de Paris à Strasbourg. Il n'a point perdu des heures, même des minutes, à contempler les monuments de l'ancienne capitale lorraine; et il semble bien qu'il n'a jamais couché dans nos murs (1). Joséphine a passé quelques nuits au *Temple de la Paix ;* mais on ne devait pas la revoir davantage dans notre ville après 1809. Le 30 novembre de cette année, à Fontainebleau, dans un tête-à-tête, l'Empereur lui signifia sa ferme volonté de divorcer et l'on fut obligé d'emporter en ses appartements la malheureuse évanouie. Le 15 décembre, le Sénat prononça la dissolution du mariage, et le rapporteur rappela tous les rois de France qui avaient divorcé, depuis Charlemagne jusqu'à Henri IV. L'officialité de Paris, de son côté, déclara, le 12 janvier 1810, le mariage nul, puisque les formalités canoniques n'avaient pas été remplies en 1804 : l'Église trouve toujours des arguments, lorsque la politique a ordonné. Depuis cette date, Joséphine se terre au château de Navarre, dans le voisinage d'Évreux; quand elle ira aux eaux, elle ne se dirigera plus du côté de Plombières, bien qu'elle ait parfois des velléités d'y revenir, et elle cherchera des distractions à Aix-en-Savoie (2).

---

(1) Nous croyons avoir démontré (p. 6) que Bonaparte n'a pas passé à Nancy la nuit du 12 frimaire an VI.

(2) A la fin de 1809, un certain nombre de rois d'Allemagne se rendirent à Paris pour présenter leurs hommages au maître de l'Europe. Ils passèrent ainsi à Nancy. Le 29 novembre 1809, on vit dans notre ville le roi de Wurtemberg Frédéric Ier avec une suite nombreuse. Le 14 décembre, passa à Nancy retour de Paris, le roi de Saxe Frédéric-Auguste III. Il fit conduire sa voiture sur toutes les places remarquables, au cirque de la Pépinière, aux casernes, s'arrêta à Bonsecours devant le tombeau de Stanislas et repartit pour Strasbourg. Il croisa en route le roi et la reine de Bavière. Maximilien-

Le divorce était à peine prononcé, que l'Empereur demandait en mariage l'archiduchesse Marie-Louise, fille de l'empereur d'Autriche François Ier et de Marie-Thérèse des Deux-Siciles. Depuis quelque temps déjà Metternich jetait à la tête de l' « ogre corse » la jeune princesse qui était alors dans sa dix-neuvième année. Les pourparlers ne furent pas longs. Le 11 mars 1810, eut lieu à Vienne le mariage par procuration et trois jours après Marie-Louise partait pour la France, sous la conduite de Berthier, prince de Neuchâtel. Elle entra le 24 mars dans le département de la Meurthe, accompagnée de sa future belle-sœur Caroline Bonaparte, reine de Naples, qui était allée au-devant d'elle; elle coucha cette nuit à la sous-préfecture de Lunéville, arriva à Nancy le 25 mars, descendit à la préfecture où elle reçut les autorités, assista au théâtre à un acte de la *Rosière de Salency*, paroles de Masson de Pezay, musique de Grétry, alla admirer du balcon de l'hôtel de ville les illuminations de la Place, et, après avoir dormi dans les appartements remis à neuf de la préfecture, partit le lendemain 26 mars pour trouver le mari qu'elle n'avait encore jamais vu. Aux archives départementales comme aux archives municipales, on a formé des dossiers volumineux de toutes les pièces relatives à cette visite de Marie-Louise; M. Charles

---

Joseph passa la nuit du 18 décembre avec sa femme à Lunéville. Ils traversèrent Nancy le lendemain 19 à 11 heures. Le préfet les complimenta et le Roi rappela les liens qui attachaient depuis si longtemps la Bavière à la France. Le 30 décembre, on reçut à Nancy le prince primat, de la Confédération du Rhin, Dalberg, archevêque de Ratisbonne.

Sadoul les a compulsés avec beaucoup d'attention et en a tiré un charmant récit auquel nous nous bornons à renvoyer (1). Les compliments adressés à Marie-Louise ressemblèrent fort à ceux qu'avait entendus jadis Joséphine; même les orateurs furent invités à ne pas trop rappeler que Marie-Louise descendait des anciens ducs de Lorraine. On avait assez parlé des ducs lorrains en 1770 à Nancy lors du passage de la tante, Marie-Antoinette; et était-il bien opportun d'évoquer cette sanglante figure et de faire songer que le Corse Napoléon allait devenir le neveu de Louis XVI? Signalons pourtant un rare exemple de fidélité. Le commandant de la garde d'honneur, M. de Vannoz, que Joséphine avait retenu à sa table à Toul lors de son dernier passage, donna sa démission, et ce fut son successeur, M. de Rutant, qui accompagna Marie-Louise à la tête de la fringante troupe.

Après ce passage de Marie-Louise, il n'y eut plus à Nancy de réception solennelle de membres de la famille impériale. Les belles-sœurs de Napoléon vont encore à Plombières. La femme de Joseph, Julie Clary, devenue reine d'Espagne, y passe presque toute l'année 1810; elle y fait trois saisons successives, et ne se résigne que sur la fin de l'année à rejoindre en Espagne son mari qui se débat contre mille difficultés (2). La reine de Hollande, Hortense, était allée la retrouver au début de juin (3), au mo-

(1) *L'impératrice Marie-Louise en Lorraine,* dans *Le Pays lorrain et le Pays messin,* 1910, pp. 228 et 289.

(2) Frédéric MASSON, *Napoléon et sa famille,* t. VI, p. 281.

(3) Hortense venait de la Hollande et passa par Verdun,

ment où le cortège funèbre du maréchal Lannes, duc de Montebello, traversait le département de la Meurthe. Hortense rencontra parmi cette population de baigneurs Mme de Souza et son fils, Charles de Flahaut qu'elle aimait depuis longtemps et qui sera le père du duc de Morny. Mais le passage de ces reines à Nancy n'est point signalé par les journaux locaux.

1812 est l'année de l'expédition de Russie. Napoléon quitte avec Marie-Louise Saint-Cloud le 9 mai, couche à la préfecture de Châlons, mais de là prend, le 10 mai, la route du Nord et se dirige sur Metz. Quand il revient de la terrible campagne, il suit le même chemin. Il quitte Mayence le 16 décembre 1812, s'arrête *incognito* le 17 dans une auberge de Verdun,

---

d'où elle écrivit à sa mère, Joséphine. Celle-ci lui répondit le 8 juin de la Malmaison où elle était revenue : « Je ne doute pas que tu n'éprouves bientôt le bon effet des eaux, et je t'engage à y prolonger ton séjour le plus que tu pourras. Je me rendrai incessamment à celles d'Aix-en-Savoie et je compte, à mon retour, s'il n'est pas trop tard, aller te voir à Plombières. » Le 14 juin, elle écrit qu'elle vient d'apprendre l'indisposition de sa fille : « J'en avais le pressentiment, et mon inquiétude m'avait fait écrire à une de tes dames pour lui indiquer le télégraphe de Nancy comme une prompte ressource pour appeler un médecin. » Et elle raconte à sa fille l'entrevue qu'elle vient d'avoir avec l'Empereur, le 13 juin, la première après le divorce. Voir encore les lettres qu'elle adresse d'Aix-en-Savoie à sa fille à Plombières, le 3 et le 18 juillet, à l'époque où Louis venait d'abdiquer le royaume de Hollande. M. de Flahaut venait de partir pour Aix et Joséphine écrit : « Embrasse pour moi Julie (*la reine d'Espagne*); mes amitiés aux personnes qui t'entourent; dis à Madame de Souza que j'ai soin de son fils comme s'il était le mien (*Lettres de Napoléon à Joséphine*, t. II, pp. 312-314). M. de Flahaut venait de partir pour Aix, ce qui décida Hortense à aller retrouver sa mère.

dîne à Château-Thierry et est de retour aux Tuileries le 18. 1813, c'est la campagne d'Allemagne. Le 15 avril à 4 heures du matin, Napoléon part pour Mayence; il voyage jour et nuit. De nouveau il prend la route du Nord; son passage est signalé à Verdun, le 16, à 1 heure du matin; à Mars-la-Tour, à 5 heures; à Metz, à 7 heures. Même chemin au retour, après la grande bataille des nations à Leipzig. Le 7 novembre, il part de Mayence à 10 heures du soir; le 8, il traverse Metz; à 7 heures du soir, il est à Verdun. « Il y a soupé, s'y est arrêté une heure et s'est ensuite remis en route pour Paris. Sa Majesté voyageait *incognito* avec une suite peu nombreuse. Une table de deux couverts, pour elle et S. A. le prince de Neuchâtel, une autre de douze couverts seulement ont été servies à l'*Hôtel des Trois-Maures*. Au départ de l'Empereur, la foule, prévenue inopinément de son arrivée, empressée de le voir, s'était, malgré le mauvais temps, réunie dans la rue de l'hôtel et dans les places adjacentes. Des cris unanimes et longtemps répétés de : *Vive l'Empereur!* ont exprimé à Sa Majesté amour, zèle, espoir et dévouement. Elle a paru sensible à ces démonstrations sincères, a daigné saluer avec bonté les personnes heureusement placées assez près d'elle pour en être aperçues (1). » On avait exprimé à l'Empereur *espoir*. Comme le style est changé! Nous sommes à la veille de la chute. Moins de deux mois plus tard, les alliés campaient en Lorraine; le con-

---

(1) *Le Narrateur de la Meuse*, numéro du 14 novembre 1813, t. XVIII, p. 255.

seil municipal de Nancy présentait, le 17 janvier 1814, à Blücher les clefs qui avaient été fabriquées pour recevoir Napoléon Ier, empereur des Français (1), et le général prussien osait évoquer l'ancien temps des ducs que tout le monde avait oublié!

(1) CAYON, *Histoire de Nancy*, p. 373. — Ces clefs seront présentées le 15 septembre 1828 à Charles X, par M. de Raulecour, maire; le 13 juin 1831 à Louis-Philippe, par M. Tardieu l'aîné; le 17 juillet 1852 au prince-président Louis-Napoléon, par M. Lemoine; le 15 juillet 1866 à l'impératrice Eugénie et au prince impérial, par M. le baron Buquet. Mais elles évoquent aussi le souvenir de Blücher. Sans doute le maire de Nancy, M. de Raulecour, dit, le 15 septembre 1828, à Charles X : « Ces clefs furent présentées par nos prédécesseurs au roi Stanislas, votre auguste aïeul. » Mais le maire s'est trompé; nous n'avons trouvé aucune trace de pareille cérémonie.

APPENDICE

Aux renseignements que nous donnons plus haut sur le sous-préfet de Sarrebourg Lepère, nous ajoutons les détails suivants :

Le 6 germinal an X (27 mars 1803), le préfet Marquis lui donna les notes suivantes : « Lepère (Charles-Marie-Rosalie), né en 1766 à Montpellier (Hérault), administrateur de district après le 9 thermidor, puis commissaire provisoire du canton de Lorquin. Avant la Révolution, il s'était destiné à être commissaire de la marine; il a travaillé avec le commissaire à Granville. Élève à l'école militaire de Brienne, en est sorti en 1784. Marié en 1791, trois enfants. Fortune : environ 60.000 francs en immeubles et capitaux. » Lepère avait épousé, en 1791, la nièce du Sieur de Saintignon, seigneur, depuis 1776, des villages de Nitting, Hermelange et Hartzwiller; et c'est par suite de ce mariage qu'il vint s'installer à Nitting. Le 22 septembre 1792, un détachement de la garde nationale de Lorquin, conduit par un certain Jannequin, vint faire une perquisition chez Saintignon, à Nitting, fouilla les meubles, enleva les armes, emmena prisonnier le propriétaire. Lepère se rendit auprès du district de Sarrebourg, obtint la mise en liberté de son oncle et une sauvegarde de plusieurs gendarmes. L'agent national du district Joseph-François Wulliez, quoique farouche jacobin, avait reconnu le bien-fondé de ses réclamations. Saintignon et sa femme moururent peu de temps après. En l'an II, il y eut grande contestation entre Lepère et la commune d'Hermelange à propos de la possession de 77 fauchées de prairies : un arbitrage, où Jannequin fut tiers arbitre, adjugea ces biens à la commune; mais, sous le Consulat, après un long procès, la Cour de cassation les rendit à Lepère, avec une indemnité de 6.000 francs à laquelle il renonça. Jannequin fut aussi condamné à payer à Lepère 200 francs pour les armes soustraites en 1792. Il y eut entre les deux personnages une haine très vive et, en 1812, Jannequin, devenu maître de pension à Lorquin, se plaignit vivement au ministre de l'Intérieur des procédés du sous-préfet de Sarrebourg à son égard. Le préfet Riouffe prit vivement la défense de son subordonné; il loue son administration : Lepère a assuré l'alimentation des marchés de son arrondissement en des circonstances très difficiles; dans les grandes calamités qui ont frappé ses administrés, il leur a procuré des secours et multiplié ses démarches pour eux. Ajoutons encore que le 1er jour complémentaire de l'an XI (18 septembre 1803), Lepère eut à Sarrebourg une vive altercation avec le maître des postes Lacombe, qui n'avait pas préparé les relais, lors du passage de l'ambassadeur ottoman. Le 30 brumaire an XII (21 novembre 1804), il est obligé de s'excuser de ne pouvoir assister au couronnement de Napoléon Ier : il est à ce moment perclus de rhumatismes et envoie un certificat de médecin. Tous ces détails sont tirés des *Archives nationales*, F1 b. II, Meurthe, 4.

TABLE DES MATIÈRES

NANCY, IMPRIMERIE BERGER-LEVRAULT

www.ingramcontent.com/pod-product-compliance
Lightning Source LLC
LaVergne TN
LVHW020402230826
846091LV00003B/1115
9782013490962